UNE DYNASTIE FOUDROYÉE

RAOUL MILLE

UNE DYNASTIE FOUDROYÉE

La chute de la maison Médecin

Albin Michel

22, rue Huyghens, 75014 Paris

ISBN 2-226-05391-3

POURQUOI un livre sur Jacques Médecin ? Le fait que je vive à Nice, dans une ambiance imprégnée par ce personnage hors les normes, n'explique pas entièrement l'aventure dans laquelle je me suis lancé. Avant tout, il me faut préciser que je ne faisais pas partie des amis de Jacques Médecin, disons de ses proches. Jamais je n'ai dîné ou déjeuné en petit comité avec lui. Je ne suis monté au Soubran, sa villa de Gairaut, qu'une seule fois. En revanche nous entretenions des rapports à la fois distants et cordiaux. Il devait apprécier le ton de mes livres bien qu'en désapprouvant certainement la morale. Pour faciliter les choses, il m'avait, une fois pour toutes, classé anarchiste de droite, ce qui ne signifie rien mais lui faisait plaisir, et ne me gênait pas vu que le compagnonnage littéraire s'y trouve plutôt flatteur.

En 1973, lorsque parut mon premier roman *Les Chiens ivres*, je collaborais régulièrement à son journal, *L'Action Nice-Côte-d'Azur*. Le livre fit vaciller pas mal de bonnes âmes pieuses qui, dès lors, me considérèrent comme le diable, ou pour le moins son suppôt. Certaines de ces bonnes âmes intervinrent auprès de lui pour que ma collaboration à son journal cessât. Il répondit par un éclat de rire, et plus sérieusement qu'il n'allait pas, lui libéral, intervenir sur les écrits d'un journaliste et d'un écrivain. L'affaire fut entendue une fois pour toutes. Par la suite, nos idées divergèrent sur bien des points sans que jamais il usa de son pouvoir pour me contraindre en quoi que ce soit. Il respectait ma différence dans un environnement entièrement à sa dévotion.

Chez lui et en dehors de toute autre considération, j'appréciais l'homme qui m'avait tendu la main à un moment de ma vie professionnellement délicat. Plus tard, lors de nos rencontres, jamais Jacques Médecin n'évoqua le point de départ de nos relations.

Mais revenons à l'essentiel de ce qui motive l'écriture de ce livre. Pour un romancier, il ne fait nul doute que Jacques Médecin est un personnage romanesque au sens plein du terme. En lui, et sans faille, se trouvent tous les ingrédients d'une histoire exemplaire. D'abord, une famille, un terroir, des racines, le destin d'une figure emblématique : Jean Médecin, le père, le chef du clan, l'homme roi d'une cité qui l'adorait. J'ai été fasciné par les rapports d'amour véritable entre les Niçois et Jean Médecin, une idylle loin de tout fanatisme, mais au contraire bâtie à la fois sur le respect et une certaine distance ironique qui est le propre du caractère niçois. Une sorte de royauté familière, bon enfant, rescapée d'un autre temps, rare cas en France d'une dynastie démocratique régulièrement élue et réélue.

Jean Médecin appartenait à cette classe de notables aujourd'hui disparus qui savaient mêler leurs intérêts propres à ceux de la communauté. Pour eux, la carrière ne passait pas avant le bien public. Ce qui ne les empêchait pas de savoir manœuvrer, afin de conserver le pouvoir. Mais par-dessus tout, il y avait la République dont ils étaient les représentants et non les propriétaires. La République et la France, cette France d'autant plus vénérée que lorsque Jean Médecin devint maire, en 1928, Nice était française depuis seulement une bonne cinquantaine d'années ! Autour de lui se sont cristallisés des hommes amoureux de leur particularisme, attachés aux traditions de leur comté, et néanmoins fiers d'être français. Toutes ces données, à la fois historiques et géographiques, font de Jean Médecin une légende vivante. Quelle personnalité politique actuelle pourrait envisager une seconde que son chauffeur se fasse enterrer avec sa photo sur son cœur ? A l'évidence, aucune. Ce fut le cas pour l'un des chauffeurs de la famille Médecin.

Succédant à Jean le bien-aimé, voici Jacques, le fils « maudit », l'enfant terrible. Apprécié, adulé par les uns, haï par les autres, essentiellement ceux qui ne connaissaient de lui que ce qu'en disaient les articles de presse, autrement dit du mal. Un mal d'autant plus redoutable qu'il se situait à la lisière de domaines tabous : racisme, extrême droite... La question qui se pose, que je me suis posée et à laquelle j'ai tenté de répondre au cours de ce livre, est simple : comment se fait-il qu'un homme si chaleureux, si apprécié par la majorité de ses concitoyens durant vingt-cinq ans, ait pu être simultanément l'un des personnages les plus détestés et méprisés de France ? Répondre à la question nécessite de passer sans cesse du local au national, de la vérité perçue au quotidien, vérifiable par tout Niçois se promenant dans la rue, à ceux qui jugent de loin à partir d'éléments disparates où se mêlent les idées toutes faites, les fausses informations, voire la désinformation et cet esprit moutonnier qui évite d'aller plus loin que ce qu'ordonne le consensus des idées acquises.

L'essentiel de ce récit repose sur un personnage du Sud profond, un homme pour qui la vérité parisienne ne fut jamais qu'une vérité du Nord. Par conséquent, une vérité sinon ennemie, du moins suspecte.

Jacques Médecin possède les qualités et les travers d'un hobereau sicilien, mâtiné de seigneur florentin. On peut détester d'emblée ce genre d'homme. Beaucoup ne s'en privent pas. Néanmoins, ils sont encore quelques millions, de Nice à Naples, de Marseille à Palerme, comptables dans leurs veines d'un sang qui les fait réagir différemment qu'à Paris ou Milan. Ce sang véhicule du soleil et de l'ombre, une éducation et une morale qui privilégient l'individu plutôt que l'institution.

Par les circonstances de son hérédité et sa propre trajectoire, Jacques Médecin s'est retrouvé dans des conditions d'exercice du pouvoir exceptionnelles. Il en a usé et parfois abusé avec son caractère entier, imprudent, péremptoire, hors des critères convenus et acceptables pour un leader politique.

Un cas.

Et ce cas, en effet, m'a passionné. Médecin fut traité souvent de « fasciste » avec cette imprudence actuelle et coutumière qui transforme en adjectif banal, somme toute, une réalité historique précise, exceptionnelle et horrible. Un bon fasciste est avant tout un zélateur de l'ordre, du caporalisme, de la discipline, du collectif. A l'encontre de toutes ces « vertus », Médecin ne pratiquait qu'une seule religion : l'individualisme, vénérait la liberté d'esprit, était bien trop indiscipliné pour considérer l'ordre comme une fin en soi ; enfin possédait trop d'orgueil et d'esprit contestataire pour sacrifier au collectif. J'ose l'affirmer : Médecin réunissait toutes les caractéristiques biologiques, psychologiques et intellectuelles de l'antifasciste. Que certaines de ses prises de position aient pu faire planer un doute obéit à des circonstances particulières que j'étudie dans ce récit. Enfin, en ce qui concerne les affaires et les scandales, l'image qui en fut et continue d'en être donnée, prouve que quand il s'agit d'abattre un individu, on n'hésite pas devant certains moyens guère plus honorables et dignes que les méthodes reprochées à l'individu en question. Cela dit en dehors de toute présomption sur la culpabilité ou la non-culpabilité du maire de Nice.

On retrouvera, au cours des pages de cette *Dynastie*

foudroyée, placées en italiques, les déclarations de Jacques Médecin. Sous la pression des événements, ce qui devait constituer le matériau d'une chronique familiale m'a servi à dépeindre et définir le personnage central de ce livre.

La finalité d'un homme, de son caractère, se trouvait dans ces propos enregistrés à un moment où l'orage faisait déjà plus que menacer, où l'essentiel de ce qui provoquerait sa chute était virtuellement en place.

RAOUL MILLE

Première partie

LE ROI JEAN

« Je me souviens de la Panhard qui m'attendait devant le lycée Masséna, une Panhard panoramique avec trois places à l'avant, une de chaque côté du chauffeur, et trois places à l'arrière plus des strapontins. Si j'ai bonne mémoire, elle était immatriculée 66 B 6. Mon père se tenait dans le fond avec son ami Philippe Tiranty. Comme d'habitude, je suis monté à côté de Michel Rocca, le chauffeur.

— Qu'as-tu fait aujourd'hui ? questionna papa.

— De l'allemand.

— Et encore ?

— Du latin.

— Ça s'est bien passé ?

— Pas trop mal.

A ce moment, Philippe Tiranty demanda :

— Que veux-tu en faire, de celui-là ?

— Lui, répondit Papa, je suis sûr qu'il tirera son épingle du jeu avec le suffrage universel. C'est un malin.

Suffrage universel ! Je n'avais jamais entendu ce terme mais je n'ai rien osé dire : mon père n'aimait pas que les enfants posent des questions devant les étrangers. Le lendemain, j'ai interrogé notre professeur de latin, M. Deniau, à propos du suffrage universel.

— Ça t'intéresse ?

— Je voudrais savoir, mon père m'en a parlé.

— Ça ne m'étonne pas.

M. Deniau m'a tout expliqué d'une façon très professorale, très didactique. Suffrage universel égale élections, élections égalent maire de Nice.

Ce jour-là de 1938, j'ai décidé que je deviendrais maire de Nice, que j'assurerais la succession. J'avais dix ans. »

La saison chaude a été terrible pour Jean Médecin. Après la victoire éclatante aux élections municipales de mars, où le vieux lion l'a emporté contre les communistes et les gaullistes, les douleurs ont surgi. Amaigri, le visage décharné, sous les yeux deux poches bistres, Jean Médecin, dans son bureau du deuxième étage de la mairie, ressemble de plus en plus à un Don Quichotte épuisé. Le regard a perdu son étincelle, la lueur sceptique et glacée connue de ses amis, redoutée de ses ennemis, se voile d'une éternelle fatigue. Trente-sept années de règne sans partage ou quasiment ont fini par terrasser le monarque. Face à lui, Jacques, le second de ses fils, élu conseiller général trois ans auparavant, respire la santé. Un visage encore mal défini, aux traits puissants mais que l'on peut également considérer comme épais ; ce sont surtout les yeux qui donnent cette impression d'épaisseur, on ne voit qu'eux ; de près ils ne sont ni beaux ni laids, d'un peu plus loin ils ressemblent à ceux d'un gendarme courroucé dans un dessin de Daumier. Depuis quelques instants, des gouttes de sueur perlent au front du vieux maire, soudain il lâche son stylo et s'écroule tête première sur le bureau. Jacques se précipite, soulève le visage livide de son père et appelle un huissier. Jean se redresse légèrement : « Ce ne sera rien. »

Si, cette fois le malaise est grave. Jacques et l'huissier le soulèvent doucement. Jean Médecin presse ses mains de vieillard contre son estomac. L'ascenseur, la cour de l'hôtel de ville, Jacques installe son père dans sa R 16, après avoir renversé le siège avant. La voiture s'éloigne.

Le maire, allongé, se trouve dans l'impossibilité de jeter un dernier regard sur sa mairie.

Ce 13 octobre 1965, il la quitte pour la dernière fois. Depuis 1928, année de son élection, il en franchissait le seuil chaque jour, le matin tôt, vers les sept heures, avant tout le monde, chapeau sur la tête, démarche digne, presque raide sauf sur la fin où le dos s'était courbé. Monsieur Jean le seigneur de Nice ne reverra plus la vieille ville, berceau du médecinisme, les fleuristes du cours Saleya, les maraîchers, les poissonniers, les marchands de socca et de pizza, la foule de ces petites gens qui le saluent en niçois, ces petites gens qu'il aime d'amour, le mot n'est pas trop fort, cette foule anonyme pour qui Jean Médecin est Jean de Nice. Il n'entendra plus le clocher de Sainte-Réparate, les cris du matin comme une houle de bonheur sous le soleil. Ce soleil de la Méditerranée sans lequel Nice ne serait rien. Ce soleil identifié à la cité, de même que cet homme que la R 16 transporte vers la colline de Gairaut, là où l'attend la demeure familiale, le château du seigneur dominant la ville et la baie. Cette baie qui se teinte de rose rouge, de rose sang les soirs d'automne. Le sang des anges jamais tari.

— Papa ! s'écrie Geneviève.

Elle est prête à éclater en sanglots face à son père si blanc, si mal. Geneviève la cadette, la préférée, toujours gaie et volubile, aux yeux bleus de chat. On la dit brillante, on la dit plus intelligente que les garçons ! Un secret qu'entretient le vieillard, qui n'en fait la confidence à personne. Amélia Médecin, au téléphone, est à la recherche du médecin de famille, inquiète, sans trop le montrer devant les enfants, même de grands enfants. Amélia cultive les vertus bourgeoises, des vertus qui lui viennent de ses origines suisses-allemandes. Amélia sait se conduire : depuis 1928, elle est la première dame de la ville; elle n'en fait pas état; elle l'est, c'est bien suffisant.

Le docteur est péremptoire. Depuis déjà longtemps, le maire souffre de maux d'estomac. Il y a eu la campagne électorale, la fatigue, la canicule, d'excellentes excuses pour ne pas faire d'examens. Aujourd'hui, aucun doute, c'est une hémorragie. Il faut vite le transporter à la clinique du Belvédère.

La nuit est tombée lorsque Jean Médecin pénètre dans l'établissement du boulevard Tzarewitch. On téléphone au professeur Baraya, une sommité, le « chirurgien de Nice », couvert d'honneurs, président de plusieurs comités et sociétés. Si un homme peut opérer le roi, c'est lui.

Le maire malade, le maire mourant, deux trois fidèles arpentent le hall d'entrée. Qui les a prévenus ? Personne, tout le monde; à Nice, tout ce qui concerne le roi Jean se sait. Comme si l'air lui-même était chargé de porter les nouvelles de la famille.

Parmi les fidèles, le fidèle des fidèles, Raoul Bosio, un colosse à la Porthos, au ventre de moine, mais aux muscles solides sous la couche de graisse, fort comme un Turc, dit-on. Responsable des campagnes électorales depuis la guerre, un responsable qui n'hésite pas à faire le coup de poing contre les communistes, les gaullistes, les... Qu'importe! ceux qui sont en face : les adversaires du Patron. Lorsque le maire l'a envoûté, Raoul portait encore des culottes courtes. « Je me ferais tuer pour lui », clame-t-il. Il n'est pas le seul, mais c'est le plus costaud.

Baraya arrive enfin. Sur son passage, on s'écarte. La porte de la chambre se referme sur lui. La famille attend dans le couloir. Bosio s'est glissé jusque-là. Lorsque le professeur réapparaît, il a du mal à cacher la gravité de la situation. On opérera demain matin.

« A moi, se souvient Raoul Bosio, Baraya m'a dit :

«“ Le maire est inopérable ! — Vous allez tenter le coup quand même, ai-je demandé, vous êtes le meilleur, non ? ” »

Baraya avait un souci de plus : le groupe sanguin du maire était très difficile à trouver. « Vous en faites pas, docteur ! s'exclame Bosio. Je m'en charge. »

Raoul est content, il va pouvoir faire quelque chose, déplacer son immense carcasse, téléphoner à tous les donneurs de sang recensés par la mairie. Dans la nuit, les afficheurs sont sortis de leur sommeil : cette fois-ci, ce n'est ni de leurs pinceaux ni de leur colle ni de leurs poings que l'on a besoin, mais de leur sang.

Leur sang pour Jean, *lou méstre...*

A sept heures du matin, les donneurs se pressent devant les portes de la clinique. On trouve le bon rhésus. A Baraya de jouer, que ses mains et ses doigts réputés par toute la cité soient à la hauteur de cette tâche exceptionnelle.

L'opération se déroule normalement selon l'expression coutumière. Dans un petit salon, Baraya réunit la famille. Pierre est arrivé dans la nuit, Pierre l'indiscipliné, l'artiste, le metteur en scène d'opéra, un curieux goût dans cette famille où les hommes depuis plus de cent ans font deux choses en priorité, la politique et le droit. Le droit qui ouvre les portes de la politique. Baraya reste debout face aux Médecin. Dans le silence morne de cette pièce anonyme, il annonce la sentence : le maire a un cancer généralisé. Peut-être a-t-on trop tardé... Il a fait son possible, vraiment le maximum...

« Combien ? Combien de temps lui reste-t-il ? » Cette question, personne n'ose la poser. Baraya y répond quand même.

— Deux mois...

La ville se doute de quelque chose, il y a des rumeurs, on chuchote mais on n'ose rien dire ouvertement. Chaque jour, des coursiers montent à Gairaut, où s'est retiré le maire après son opération, les dossiers les plus urgents. Jean Médecin les annote d'une écriture plus maladroite qu'autrefois. Ses collaborateurs les plus immédiats, tel Xavier Emmanuel, son directeur de cabinet, téléphonent, le moins souvent possible. « Là-haut », Amélia et Geneviève font un barrage implacable.

La ville se tait mais à la préfecture, à *Nice-Matin,* on pense à la succession. Le préfet J. P. Moatti a reçu des ordres, il faut installer un gaulliste dans le fauteuil du premier magistrat. Après la défaite du général Delfino, battu à plate couture en mars, l'affaire risque d'être délicate.

A *Nice-Matin,* selon ses habitudes, Michel Bavastro, le président-directeur général reçoit en secret. On vient lui demander son avis, il le donne puis, entre deux phrases anodines, se permet quelques suggestions. La solution évidemment se trouve au sein même du conseil municipal. Et nulle part ailleurs.

Décembre arrive, avec une autre élection en perspective, nationale celle-là. De Gaulle succédera-t-il à de Gaulle ? Dévoré par la maladie, accablé par les calmants et les piqûres, le maire se prononce pour Jean Lecanuet, l'homme aux dents blanches. La maladie n'a pas atténué l'antigaullisme viscéral de Jean Médecin. Aussitôt, le système se met en place pour organiser la réunion publique du candidat centriste dans la poussiéreuse salle des fêtes du casino municipal.

On acclame Lecanuet, on hue de Gaulle. Pieds-noirs et Niçois rassemblés dans la même unanimité contre l'ennemi, le diable : le général. A bout de forces, Jean Médecin trouve les ressources de recevoir Lecanuet à Gairaut. Ce sera la dernière visite.

La France vit à l'heure de l'échéance suprême, Nice recroquevillée à celle de l'agonie du seigneur.

De Gaulle en ballottage ! C'est déjà beau, comme un parfum de victoire... Jean Médecin n'en a plus pour longtemps, disent les rares personnes admises à le voir. Il n'en continue pas moins son dernier combat. De son lit de souffrance, il écrit une lettre demandant aux Niçois de voter au second tour des élections présidentielles pour François Mitterrand.

— Antigaulliste je suis, antigaulliste je mourrai, confie-t-il à ses proches.

Le samedi 18 décembre 1965, à midi, le roi Jean s'éteint. Il avait soixante-quatorze ans. Un règne s'achève. La veille, ultime geste public, il a confié à Jacques son bulletin de vote pour le scrutin du dimanche.

A partir de cet instant, Jacques Médecin va jouer sa carte. L'affaire a été rigoureusement tenue secrète ; pour le roi défunt, le secret constituait une seconde nature.

« *Mon père était un homme d'une grande pudeur ; jamais il ne m'aurait dit : " Vas-y ! " Mais je savais très bien que dans son for intérieur rien ne pouvait lui faire plus plaisir. Le jour où je me suis confié, il m'a dit : " Mon petit je ne demande pas mieux mais il ne faut pas que cela se sache. En politique, le secret est le gage de la réussite. Je n'en parlerais même pas à ta mère, n'en parle pas à ta femme, ne dis rien à personne, fût-ce à ton meilleur ami. Il faut que ce soit une surprise pour tout le monde, un coup de tonnerre.* " »

Les premiers à venir saluer la dépouille sont les élus amis et adversaires : Pierre Pasquini, le gaulliste, vice-président de l'Assemblée nationale, Emile Hugues, l'ancien ministre et l'ami politique. Mais la plus inattendue des visites est celle de Virgile Barel, l'adversaire communiste de toujours. L'homme est âgé lui aussi, mais il a tenu à venir parmi les premiers. Là, devant la dépouille émaciée, au visage d'ivoire, le vieux militant, en quelques minutes, revoit un quart de siècle de lutte, où les deux hommes se sont souvent opposés mais se sont retrouvés aussi quelquefois. Il y avait la politique nationale, les mots d'ordre, les partis, les intérêts divergents mais au-delà, à travers les différences, existait entre les deux hommes la complicité de la même langue, quelques mots de nissart lancés au débotté qui ne changeaient rien officiellement mais qui pour eux signifiaient énormément. La part indicible de la race. « Il était l'homme de la bourgeoisie conservatrice niçoise, confia plus tard le cacique communiste. Parfois l'intérêt de celle-ci ne s'opposait pas à quelque action avec le peuple. C'est alors que Médecin et nous, communistes, nous nous rencontrions dans nos positions. »

Le lundi matin, de Gaulle a gagné et la dépouille de Jean Médecin repose à la mairie. Le cercueil a été installé sur le grand bureau en marqueterie, celui sur lequel le roi Jean a travaillé toute sa vie. Les conseillers municipaux, quatre par quatre, se relaient toutes les deux heures pour le veiller. On a tiré les volets, allumé une lampe dans la pénombre, et tandis que la foule, une foule énorme, défile devant le corps, s'incline, pleure, s'effondre, dans les bureaux adjacents la grande manœuvre a commencé. Dans celui des dactylos, Honoré Bailet, le jeune adjoint au maire, imposé sur la liste du roi Jean par son ami Jacques, s'active. Il a dressé une liste des inconditionnels, une autre des hésitants, et une dernière des récalcitrants irréductibles. Trois listes concernant la succession, trois listes concernant le dauphin, trois listes concernant Jacques, bien sûr.

Honoré est depuis plusieurs semaines dans le secret, Jacques lui a confié la mission d'ouvrir le feu en faisant signer aux conseillers municipaux un appel en sa faveur. Pour l'instant, cet appel ne peut concerner que la future élection partielle au poste de conseiller municipal vacant. Mais les yeux ne tardent pas à se dessiller, l'héritier veut être élu maire... Pour certains, le rire se mêle aux larmes et au chagrin : Jacques, ce comique, ce rigolo !... Non, décidément, la famille exagère ; elle veut jouer le coup de la dynastie. Ah non ! Le vieux on l'aimait, enfin on le respectait, mais, entre nous, quarante ans de médecinisme ça suffit !

Les deux heures de veille de chaque conseiller auprès de la dépouille sont mises à profit par Honoré. Il ne fait pas dans la demi-mesure, Honoré. Sa culture de chevillard et d'ex-champion cycliste amateur lui interdit les dialectiques nébuleuses. Sitôt la révérence au roi accomplie, il attire l'élu dans le petit bureau déserté par les dactylos en deuil. Avec les Niçois c'est facile ; la langue porte en elle une conviction, une force brute imparable. L'élu encore secoué, le mouchoir à la main, la larme à l'œil, est houspillé, bousculé. Honoré lui tend le stylo. Signe ! Pour Jacques. C'est le fils du *mestre*. Qui d'autre ? Pas Bosio quand même... Le Raoul, on l'accable, on l'assassine. Dans le scénario, il postule le rôle du traître, celui qui a osé s'arroger le droit de succéder au roi. Raoul a trop parlé, comme à son habitude. Honoré plante des banderilles grosses comme des crochets. Les amis de Jacques — il en possède au sein du conseil — signent avec chaleur ; d'autres, plus réticents, se disent : « On verra bien, ça n'engage à rien ce bout de papier, il sera toujours temps de voir venir après le verdict des urnes. » Certains demandent à réfléchir, ils reviendront, disent-ils. En partant, ils passent dans l'autre bureau là où les attend pour les condoléances Pierre Médecin. Honoré lui a confié la tâche de toucher au cœur : pas un mot sur Jacques, simplement pleurer le père et certifier à tous combien celui-ci les aimait et leur faisait confiance pour poursuivre le travail commencé. Bouleversés, quelques hésitants retournent sur leurs pas pour ajouter leur signature au bas de la liste. Une fois dépassée la dizaine de paraphes, Honoré change de tactique ; essentiellement avec les « Français », ceux qui ne parlent pas la « langue », les Pieds-Noirs, les Limousins, bref les provinciaux.

— Regarde, fait-il, il y a déjà onze, douze, treize, signatures. Si ton nom n'y figure pas, ça fera mauvais effet.

Les âmes simples signent aussitôt. Mais il n'en est pas de même pour les dignitaires du régime, les Bosio, Bouvier, Bargellini, Cassin. Eux ne passent même pas chez Honoré. Eux, ce sont les adjoints de longue date, les collaborateurs du *mestre* depuis des lustres. Ils s'estiment tous en droit de prendre sa succession. Plus qu'un droit, un devoir. D'ailleurs, la plupart ont en mémoire une parole lancée un jour par le roi, faisant de chacun d'entre eux l'unique héritier. Bosio s'en souvient parfaitement. C'était en voiture, pendant la dernière campagne ; il était assis à côté du seigneur, il entend encore celui-ci lui dire : « Tu sais, petit, je me sens fatigué. Il serait temps que tu penses à t'asseoir dans mon fauteuil... » Quant à Bouvier, le premier adjoint, colonel de surcroît, à la première place du temps du vivant du roi il serait tout naturel qu'il le remplace. Un échelon hiérarchique de plus, pour ainsi dire. Bargellini, lui, appartient à la famille. Cousin des Médecin, il vise l'investiture du côté d'Amélia. A ce moment-là, il y croit encore.

Dehors, il fait froid et gris, la foule déborde de la rue de l'Hôtel-de-Ville, une queue immense qui s'étend le long de la rue Saint-François-de-Paule et remonte jusqu'à la place Masséna. Des milliers de Niçois qui, eux, ne pensent qu'à leur chagrin, d'avoir perdu plus qu'un maire, un père. Des milliers de femmes et d'hommes qui attendent patiemment pour un dernier hommage, l'ultime vision du bien-aimé dans son cercueil.

Là-haut, à deux pas du roi mort, Honoré a recueilli dix-sept signatures, impossible de faire mieux. Il téléphone les résultats à Jacques qui trouve que les choses prennent bonne tournure. Lui s'est tenu à l'écart. A Gairaut, auprès de sa mère, il ne peut s'empêcher d'imaginer l'avenir.

La ville est déserte, les écoles, les administrations fermées. La seule rumeur qui parcourt la cité frissonnante est celle des cloches de toutes les églises sonnant le glas. Sur le parvis de la cathédrale Sainte-Réparate, un cœur énorme, le cœur de plus de vingt mille personnes, qui bat, soulevé par la même émotion. Même les indifférents, les adversaires, les ennemis sentent le poids de l'histoire, la fin d'un monde, la fin de l'idée de Nice que symbolisait celui qui repose là-bas dans le chœur de la cathédrale.

La place, mais aussi les rues de la vieille ville, sont noires de monde. La cérémonie est retransmise par haut-parleurs, on écoute en pleurant. Des femmes sont prises de malaise. Une vieille portant le deuil d'innombrables disparus s'écroule ; à ceux qui la relèvent, elle murmure ; « Et maintenant qu'il est mort, qui va nous protéger ? »

La foule porte un roi en terre, un vrai roi, comme il en existait du temps de l'Ancien Régime. Jacques, tout en noir, soutient sa mère, ses yeux sont rougis par les larmes. Derrière lui, sept cents personnalités venues de toute la région mais aussi de la France entière. Personne ne l'a encore fait dauphin mais lui le sait, à la minute précise où l'évêque bénit la dépouille du père, exactement comme si le souffle de l'assemblée derrière lui clamait son règne. Ses gros poings de lutteur se referment avec violence sur les doigts de parchemin d'Amélia.

Tandis que les Niçois pleurent, à la préfecture Moatti pense qu'il va lui falloir jouer serré pour obéir aux ordres de Paris. Après Médecin, Nice, cinquième ville de France, doit rentrer dans le giron gaulliste et d'abord il faut battre Jacques à l'élection partielle, chasser à jamais les Médecin de tous les postes de responsabilité. A première vue, ce ne sera pas difficile. Jacques est bien conseiller général depuis 1961 mais, enfin, il le doit à son nom et, à part être le fils de son père, il n'a jamais rien prouvé. Qui le prendrait au sérieux ?

Certainement pas Michel Bavastro, le patron de *Nice-Matin,* qui l'a eu sous ses ordres comme simple journaliste. Pour lui, Jacques est un plaisantin, rien du notable sérieux, tendance technocrate, qu'il apprécie. Bavastro, sans jamais le dire, ni le laisser écrire ouvertement, considérait Jean Médecin certes comme un bon maire mais politiquement complètement dépassé. Il lui reprochait surtout cet antigaullisme belliqueux qui l'amenait à adopter des positions de très mauvais goût, à des années-lumière de cet establishment Cinquième République que lui Bavastro illustre et défend. Or Jacques est un galopin, dont les idées, notamment en faveur de l'Algérie française, pourraient faire sourire, s'il ne portait le nom de son père.

La machine de guerre *Nice-Matin* se met en marche en suscitant d'abord la candidature à l'élection partielle du docteur Donat, novice en politique mais connu et estimé dans la ville. Avec l'étiquette gaulliste et le soutien des différentes formations de la majorité, on lui fait miroiter la place de maire. Le docteur alléché en perd son latin ; les députés du département, ceux de la majorité, viennent le flatter et lui assurer que l'affaire est dans le sac.

A l'aube de son règne à peine sorti des limbes, Jacques Médecin se retrouve déjà avec contre lui les citadelles du pouvoir, une situation qui va se cristalliser pour aboutir vingt-cinq ans plus tard à la revanche et à la victoire finale de l'institution.

La campagne du fils se place sous le signe du père : le médecinisme ne doit pas mourir. Il en est l'héritier, l'unique ; la preuve : Jean Médecin a abandonné en sa faveur en 1961 son mandat de conseiller général. Jacques ne dit pas ouvertement que son père lui a demandé de lui succéder au fauteuil de premier magistrat mais il le laisse entendre. La vieille garde se rassemble derrière ce jeunot de trente-sept ans en renâclant, certes, mais comment faire autrement, comment renier le nom de Médecin ?

Du fils, en vérité, on sait peu de chose. Journaliste, marié à une jolie femme, on le dit brillant, un peu verbeux, les moins attendris parlent de je-m'en-foutiste, de gaffeur, d'autres ajoutent que le père n'avait nulle confiance dans le fiston. Ces réserves viennent du personnel politique. Pour les autres, tous les autres agents électoraux, chauffeurs de taxi, petit peuple, le transfert s'effectue dans une totale osmose, le nom de Médecin opère son perpétuel miracle. L'amour porté au père se reporte sur le fils et ce d'autant plus facilement que l'homme possède le sens du contact populaire, une poignée de main chaleureuse et ferme, un rire sonore, une faconde intarissable et surtout ce trait d'humour, ce caractère niçois, perpétuelle mise en perspective sous le signe de la dérision. Le temps de quelques réunions sous les préaux, de deux-trois promenades sur les marchés et Jacques devient Jacquou, le fils de son père. Dès cet instant, la bataille est gagnée avant même d'avoir commencé. A la préfecture, on laisse de côté le résultat de l'élection partielle pour s'intéresser déjà à celle du futur maire.

Première urgence : couper l'herbe sous les pieds de Bosio. Malgré ses cent vingt-cinq kilos, l'homme ne fait pas le poids. Impossible de laisser s'installer à la tête de la cité un spadassin au passé trouble. Bosio en effet n'a jamais caché ses attaches, avant guerre, avec l'extrême droite. Pour les gaullistes, Bosio serait la continuation du médecinisme dans la caricature. De plus, le présenter contre Jacques signifierait faire élire celui-ci à coup sûr. Moatti consulte la liste des conseillers et adjoints sans désemparer. Lequel dans cet amalgame d'opposants au régime concilierait l'inconciliable : retourner sa veste et avoir la stature morale de diriger une ville de quatre cent mille habitants ? Bargellini ? Non, il est vaguement SFIO. Bailet ? Non plus, c'est un protégé de Jacques. Henri Verdeil ? Trop léger. Alors... Reste le colonel Bouvier. Le camarade de tranchée du père Médecin, un brillant officier qui a fait sa carrière dans les Djebels, un peu vieux, sans réelle personnalité, mais enfin, c'est un militaire, il obéira. Au colonel on explique que lui seul peut sauver la situation, éviter la multiplication des candidatures. Bouvier rétorque :

— Oui, mais il y a Jacques !

— Un feu de paille. Même élu au conseil, il ne fera pas le poids devant vous.

Flatté, le colonel commence à y croire : maire de Nice, belle fin pour un militaire. Pendant ce temps, Moatti multiplie les interventions pour laminer l'ascension de Jacques, convaincre l'armada du conseil municipal de se rallier aux épaulettes du colonel. A Bosio on laisse entendre qu'on l'aidera pour les futures élections législatives, à Henri Verdeil on fait miroiter une légion d'honneur. Le brave Henri, pharmacien épicurien, qui préfère aux médailles les joies d'une réunion entre amis, ne répond ni oui ni non avec ce sourire malicieux qui plaît tant aux dames. Mais le préfet a compris : on ne pourra pas compter sur lui, rosette ou pas. Cette bande du conseil municipal ne correspond à aucun des critères au goût du jour, mélange de notables style IIIe République et de commerçants traditionnels, tous pétris de médecinisme latent ou virulent et puis surtout niçois-niçois... Spécificité qui ne signifie rien pour les bureaucrates du ministère de l'Intérieur mais qui ici, place de la Préfecture, constitue l'élément déterminant. Les Niçois, qu'est-ce que c'est ? A cette question Moatti a bien envie de répondre : un assemblage d'affinités électives, une entité indéfinissable, changeante, secrète et totalement imprévue, ce qui ne l'empêche pas d'exercer une puissance d'autant plus absolue qu'elle échappe aux clivages, à tous les clivages, les sociaux comme les politiques. Moatti n'est pas à Nice pour étaler ses états d'âme mais pour rayer le médecinisme de la carte.

Le dimanche 6 février 1966, dès le premier tour, Jacques Médecin balaye le docteur Donat. Le réflexe Médecin a marché à fond. Tout peut commencer. Il reste une semaine avant le conseil municipal pour l'élection du maire. Une rumeur partie du bar de la mairie et colportée avec empressement, court parmi les conseillers, une rumeur en forme de sophisme : élisons Médecin, dit-elle ; dans six mois il aura fait tellement d'erreurs (certains disent de conneries) qu'il faudra le destituer ; après, on n'entendra plus jamais parler de lui. Ultime manœuvre de la préfecture, jeu machiavélique des partisans du futur maire ? Médecin prétendra avoir lui-même fomenté le complot !

Quoi qu'il en soit, le 12 février, jour de la réunion privée du conseil, là où l'élection effective se joue, la tension est extrême dans la grande salle où figure au mur le nom de tous les maires depuis le rattachement de Nice à la France. Bosio est sombre, ce qui lui arrive rarement, Bouvier digne, Verdeil rigolard, Bargellini sinistre ; un moment lui aussi y avait cru, avant d'aller en tant que cousin de la famille demander sa bénédiction à mater Amélia. En fait de bénédiction, la veuve lui a fait comprendre vertement que, quitte à soutenir quelqu'un de la famille, elle préférait un Médecin à un Bargellini.

Premier tour de table. Deux candidats se prononcent : Bouvier et Médecin. En ses qualités de doyen, Bouvier déclare que le vote peut commencer. Pour assurer le secret, l'urne est dissimulée derrière un grand paravent. On vote, on dépouille : Bouvier treize voix; Médecin vingt-quatre. Le colonel se lève et va serrer la main de son jeune adversaire. Voilà : il n'y aura plus qu'à entériner le lendemain, en séance publique, par un vote unanime de préférence. Déjà, autour de Jacques on s'écarte; déjà, les sourires se fendent, la déférence s'installe, ceux qui ont cru élire un pantin se sentent dès ce premier instant confusément floués. L'homme existe et il faudra compter avec lui. C'est en seigneur que le fils de Jean descend les larges escaliers de marbre de l'hôtel de ville. Dans la cour une poignée de fidèles applaudit. Avant de rentrer chez lui, au « Soubran », Jacques rend visite à sa mère — les deux propriétés sont voisines.

— C'est fait, s'exclame-t-il.

Amélia soulève ses lunettes et tend la joue à son fils.

— Bravo, mon petit, c'est ton père qui va être content !

Pour Amélia, toutes ces histoires de vote ne sont que des formalités, nécessaires, mais un peu laborieuses. Après tout, qui pouvait douter que du moment où il le voulait, Jacques ne prendrait pas la succession de Jean ?

Le lendemain, en séance publique, Jacques obtenait l'unanimité comme prévu. Des hourras retentirent à la proclamation du résultat, une salve unanime elle aussi; personne n'aurait osé, face au public, témoigner de la moindre réserve. Même Raoul Bosio se mêla à la liesse. Les huissiers chargés du dépouillement savaient eux pourtant qu'un bulletin de vote, un seul, était entaché de nullité. Au travers on avait écrit en grosses lettres : « Merde. » Ces mêmes huissiers crurent reconnaître l'écriture de Raoul. On ne tint compte ni du « Merde » ni de la nullité. Bouvier très digne installa Jacques dans le fauteuil du maire, puis, dans une brève allocution prononcée au garde-à-vous, déclara souhaiter du fond du cœur que le nouveau maire assure le bien de la ville et qu'en ce qui le concernait, il serait son fidèle serviteur, comme il avait été celui de son père.

« *Le soir, quand je suis rentré chez moi, je me suis regardé dans une glace et je me suis mis à trembler. Te voilà maire de la cinquième ville de France, me suis-je dit, tu ne connais rien à la vie municipale, comment vas-tu t'en sortir ? J'ai eu peur, ce soir-là.* »

Vingt-huit ans après, Jacques venait de remporter son pari de gamin : il était maire de Nice.

Jacques Médecin est né le 5 mai 1928, sept mois avant que son père ne devienne maire pour la première fois. Nice n'est française que depuis soixante-huit ans. Des chiffres dont la signification détermine un destin. A l'époque, la cité n'est pas encore tout à fait sortie du XIXe siècle, ce XIXe siècle qui l'a rendu célèbre, des steppes russes aux confins du nouveau monde. Il n'est pas très loin le temps où Trachel peignait des aquarelles attendries montrant des élégantes se promenant le long de la mer, ombrelles à la main, tandis qu'au second plan se profilaient les taillis ombreux du château. Le rose du soleil baignait l'ensemble, avec parfois le jaillissement vert profond d'un arbre biblique. Paix, calme, douceur, tendresse, ce paradis pastel, de reproduction en reproduction, se dévoya peu à peu en cartes postales internationales. Dès lors, deux villes se côtoient en s'ignorant, cohabitent sans se connaître, s'interpénètrent sans se dire un mot. La ville des étrangers exposée vers la Baie des Anges, surplombée de ses collines, et celle des Niçois qui tourne résolument le dos à la mer, gros bourg marin calfeutré au pied du château. D'un côté, Babel et sa cacophonie ; de l'autre, une poche indigène résurgence du Moyen Age, quasiment inchangée depuis l'annexion par la Savoie en 1388 !

Lorsque tout enfant Jacques quitte le domicile familial du quai des Etats-Unis, sur lequel glissent les belles étrangères dans leurs limousines soyeuses où se reflète une mer de mica, pour se rendre à l'école communale de Saint-François-de-Paule, il pénètre dans un monde d'odeurs barbares, de cris gutturaux, de ruelles nocturnes, de boyaux oubliés du ciel, un lacis tortueux où le cloaque le dispute aux relents de nourriture, une nourriture à dominante d'ail et d'huile. Là, des madones naïves peintes sur les murs dorment depuis des siècles, images pieuses devant lesquelles scintillent des loupiotes. Là, aux fenêtres, des brassées de linge à la recherche d'une miette de soleil dégoulinent sur les passants, draps et longues culottes de femme, torchons et tabliers, vêtements du travail quotidien, vêtements solides faits pour durer, bleus, noirs, rien que des teintes anonymes, discrètes, fondues à la muraille. Plus l'enfant s'enfonce au cœur du cœur de la vieille ville, plus ruissellent en lui la rumeur marchande, le roulement de cailloux du nissart : « *A la bella poutina* », lancent comme un défi les poissonnières aux vendeurs de socca et de pissaladières tandis que, plus inquiétants, des chiffonniers se plantent devant les fenêtres et aboient leur litanie : « *Qu'a d'estrassa da vendre, pel de lapin*[1]. » Puis voici les vendeurs de brou portant en auréole leur odeur moite de lait caillé. Le sang succède aux fromages : rue de la Boucherie, la viande s'étale, des bêtes entières écartelées suspendues à des crochets à même le trottoir. Puis ce sont les oranges et les tomates, les choux frisés, les mauves aubergines, les courgettes et leur fleur, les citrons étincelants comme des gros boutons d'or et, sur mille étagères crêpées de farine, les mille sortes de pâtes, les tagliatelles et les spaghettis, les blanches et les vertes, celles au pistou et les minces, tels des cheveux d'enfant, pour la soupe, les épaisses et les transparentes. Nice ancestrale, la Nice dont les hivernants se méfiaient comme de la peste de peur des odeurs trop fortes et des maladies

1. « Qui a de vieux chiffons à vendre, peaux de lapins. »

contagieuses. Smolett, qui fit connaître par ses lettres atrabilaires Nice aux Anglais, écrivait à la fin du XVIIIe siècle : « ... les rues sont étroites, nauséabondes, remplies d'excréments. Les artisans et les ouvriers sont paresseux, plutôt que de travailler pour un gain modeste [...] ils préfèrent souffrir la faim [...] se vautrer au soleil ou jouer aux boules du matin au soir [...]. Leur nourriture se compose de résidus de légumes et d'un mets appelé polenta fait avec de la farine de maïs. »

La cité n'a jamais connu de noblesse tapageuse. Le haut du pavé durant des siècles a toujours appartenu à une bourgeoisie de négociants, marchands d'huile, armateurs, parfumeurs. Là où, à Aix, il fallait une douzaine de domestiques, à Nice la moitié suffisait largement. Mais les revenus étaient là. La fortune existait. Pour doter leurs filles les pères de famille allaient jusqu'à dix mille livres ! Une somme rondelette.

A Nice, un doctorat en droit ou en médecine anoblissait, on ne comptait plus les quartiers de noblesse. On vit même un fils d'artisan devenir consul ! Loin de Turin et de la Savoie, la ville vivait une existence rabougrie mais indépendante. Aussi, quand les armées de la Révolution arrivèrent avec dans leurs bagages la liberté et la guillotine, les Niçois se méfièrent. Liberté, Egalité, c'étaient des mots du Nord ; la liberté, ils l'avaient ; égaux, ils l'étaient certainement plus que ces Français fracassants et pouilleux. Premier réflexe : la bourgeoisie locale enferma ses filles et enfouit son magot. Les Français ne comprirent rien à ces indigènes : ils les prenaient pour des gens de la mer alors que le Niçois de souche appartient à la montagne ; ils les croyaient prolixes comme les Provençaux, ils se trouvèrent confrontés à des taciturnes plutôt tristes et secrets. Le Niçois, le vrai, se sentait plus l'homme du comté que de la cité (c'est toujours le cas aujourd'hui) ; dès qu'il le pouvait, il s'achetait une bicoque dans l'arrière-pays. Il n'existait pas une famille qui ne possédât de la parenté à la montagne, entre Utelle et Saint-Martin-Vésubie. Dans ces minuscules propriétés, le Niçois cultivait son jardin, cueillait les figues, faisait un peu de vin et surtout de l'huile. Campagnard par amour, marin il ne l'était que par nécessité.

La campagne, en ce matin où le jeune Jacques traverse la vieille ville est encore toute proche, les habitants des quartiers reculés ne viennent qu'une ou deux fois l'an (dont une pour Carnaval) dans le centre ville. La campagne, ce sont des collines, des tuiles rondes, des chemins de pierres tordus, des planches suspendues entre ciel et terre où l'on s'acharne à faire pousser la tomate et l'aubergine. Nice la méditerranéenne, c'est bon pour l'estivant, l'étranger. Pour l'indigène, Nice est montagnarde. Aussi les langueurs de la gentry internationale qui, dès le Second Empire, envahissent la Riviéra ont-elles peu d'influence sur une population accrochée à ses traditions, immergée dans son terroir. On danse, on festoie, on fait construire des chateaux baroques, on meurt de phtisie dans les quartiers nouveaux, là-haut à Cimiez, autrement dit au bout du monde, dans la plus parfaite indifférence de la population du cru. Les seuls changements qui interviennent sont économiques mais ils glissent sur la surface sociale de la cité sans laisser de traces profondes. Avec ahurissement, les Niçois regardent, incrédules, ces barons allemands, ces princes russes, ces lords anglais dépenser en une seule journée l'équivalent de ce qu'ils ne gagneront pas dans toute leur existence. C'est tellement fou que cela ne les concerne pas. L'estivant, le riche estivant, à l'époque il est toujours riche, appartient à une autre race, à une autre planète. On n'est même pas jaloux, on préfère sourire doucement comme devant les agissements d'un simple d'esprit.

La bourgeoisie marchande n'a pas lâché le flambeau politique, une fois le comté rattaché à la France avec Nice comme capitale du département des Alpes-Maritimes. La bourgeoisie et ses rejetons, les hommes de loi : le bourgeois niçois n'est pas littéraire, pour sa descendance il préfère la voie du droit, moins noble mais plus sûre. Dans les rangs de cette bourgeoisie, on aime la France, sauf quelques irréductibles, mais on se méfie de Paris et de ses représentants les préfets. La politique doit rester affaire de famille. Les hommes providentiels venus d'ailleurs, on les rejette avec une conviction et une foi inébranlables. On juge les racines d'un homme avant l'homme lui-même. Il est vrai que le Niçois ne s'illusionne guère sur les vertus exemplaires. Nous sommes dans une cité de marchands au tempérament naturellement sceptique ; ici, on ne croit pas aux discours mais on en aime la musique. Et la plus belle d'entre toutes est celle du nissart.

« *L'homme est un animal territorial... Quand un individu a la chance de naître à l'endroit où ses ancêtres ont planté leurs racines, il est l'héritier de toute cette sève qui monte depuis le sol d'origine. Que ses racines se soient plus ou moins développées, qu'importe, une fois enraciné l'individu ne veut plus être déraciné.* »

Quelques familles, les Raiberti, les Tiranty, les Malaussèna, les Sasserno, les Ricolfi, toutes riches, toutes traditionalistes, constituent l'armoirie bourgeoise régnante sur la ville de la fin de l'Empire jusqu'à la Première Guerre mondiale. La spécificité niçoise fait que la vie municipale proprement dite est rarement calme, crises et convulsions constituent sa manne coutumière. Les tout nouveaux maires de la IIIe République, tel Auguste Raynaud élu en 1871, sont tiraillés entre les exigences de la France et le particularisme local. Bien sûr, Nice est française mais pour beaucoup cette appartenance ne doit comporter que des avantages et très peu d'inconvénients. Séparatisme et révisionnisme ne sont pas complètement morts. Le journal italien *Il Pensiero di Nizza* se déchaîne chaque matin contre la France ; certains Niçois s'en délectent, certains que l'on trouve même installés dans les couloirs de la mairie. Dès cette époque, les préfets entrent en opposition avec l'hôtel de ville. Les représentants purs et durs de l'Etat français ont été nommés pour normaliser le fait niçois : il faut bannir le nissart dans les écoles, l'endiguer dans les réunions publiques, la francisation doit être complète et définitive. Tuer le nissart, c'est mettre un terme à l'influence italienne, pensent-ils. Vision schématique et en grande partie erronée ; les Niçois en leur grande majorité se veulent français ou plus exactement niçois et français. Pour les préfets venus de la capitale, cet amour du pays, cette différence toujours affirmée se transforment vite, dans leur étroitesse d'esprit, en rébellion anti-républicaine. Il est vrai que l'élu du canton ou de la circonscription ne possède pas toujours un sens très précis de l'indivisibilité républicaine. Pour lui, la République est un système de pouvoir comme un autre. Pas mieux qu'un autre. La foule de décrets, d'articles de loi, d'amendements que déverse Paris chaque mois le laisse perplexe. Ces directives, il ne lui viendrait pas à l'idée de les appliquer au pied de la lettre, il les accommode, les arrange, les améliore pense-t-il, bref les nissardise.

Avocat comme le sera plus tard Jean Médecin, jouant toutes les partitions, toujours comme Jean Médecin, conciliant les inconciliables, Alfred Borriglione fait la conquête de la ville en 1878. Ami de Gambetta et de Garibaldi, radical et franc-maçon, le nouveau maire se veut l'homme de la tradition et de la modernité. Anticlérical mais respectant la religion, Borriglione, l'homme du « babazouk » (la vieille ville), comme l'appellent les Niçois, prône néanmoins une politique d'investissements de l'autre côté du Paillon, dans la ville nouvelle. Il sait y faire; fort en gueule, il possède le verbe convaincant et, lorsque le verbe ne suffit plus, un duel à la fraîcheur du matin n'est pas pour l'effrayer. En 1881, au lendemain de sa réélection, Borriglione est acclamé par une foule en délire : « *Viva lou riz, viva lou babazouk.* » La clameur est reprise par tous les gosiers. Borriglione, l'homme du riz, autrement dit l'homme de la vieille ville, là où selon la tradition on mange des tripes que l'on accompagne de riz. Borriglione fut d'abord tripes et riz, puis riz tout seul. Ce que voyant les anti-Borriglione se baptisèrent entre eux « *lou pébré* » (le poivre), symbole de piquant et de brûlure. Aux élections de 1885 et 1890 la ville est déchirée par le conflit du riz et du poivre. L'élu de la vieille ville a de grandes ambitions : « Nous voulons, dit-il, que dans dix ans notre cité compte cent mille âmes, qu'elle soit une grande ville française. »

Borriglione sait bien que l'avenir de Nice se joue là où les estivants viennent pour s'amuser et profiter du soleil, là où se déverse l'argent et que, pour retenir cet argent, il faut construire, aménager, distraire. Aux palaces de Cimiez, il faut un boulevard, et des avenues convenables, l'éclairage public, le tout-à-l'égout. Cimiez, le quartier aristocratique par excellence, coûte cher à la collectivité : « Certes, répond Borriglione, mais il rapportera beaucoup... » Et ce boulevard Gambetta, magnifique ouverture sur la mer, n'est-ce pas une folie ?... « Peut-être, rétorque le maire, mais ce sont les estivants qui sont fous : ils veulent de la mer on va leur en donner ! » Un boulevard d'accord, mais un casino municipal place Masséna, non, là c'est trop ! « Comment trop ! s'exclame l'homme du riz. Quand il pleut, on s'ennuie à l'hôtel, le mari se rend au cercle mais la femme et les enfants, où vont-ils ? Eh bien, au casino où vous avez un jardin d'hiver, de la musique, une salle de spectacle et même un théâtre pour enfants ! »

De l'argent, beaucoup d'argent, Borriglione contracte des emprunts, ses adversaires lui reprochent de délaisser la population pour ne s'occuper que des estivants. Alors, Borriglione supprime quelques îlots insalubres dans la vieille ville, crée le quartier populaire de Riquier, le seul espace industriel de la ville, s'attaque aux collines de l'ouest et du nord, désenclave la cité trop à l'étroit. Le Piol, le Righi marquent la première conquête urbaine de Nice. C'est justement au Piol qu'a lieu l'exposition internationale franco-italienne, une autre idée extravagante de ce Borriglione qui décidément commence à en avoir trop. Un demi-échec cette exposition, dû à la crise économique et financière qui sévissait à cette époque (1884). On en veut au maire, malgré le succès populaire des ascenseurs Heurtebise : ils vous menaient en rien de temps au sommet de deux tours ; tout en haut se révélait la ville entière avec, le soir, la féerie de l'éclairage électrique.

Par ses initiatives, par son caractère autoritaire, Borriglione s'était créé de solides inimitiés, dont celle de Bischoffsheim, richissime dilettante féru de politique. Ne sachant plus que faire de son argent, Bischoffsheim pensait tout simplement s'offrir Nice. Il tenta d'abord d'arracher son siège de député à Borriglione... Peine perdue. Dans la banlieue, les enfants s'amusaient à semer du riz sous les pas de l'adversaire du maire en criant : « A bas Bischoffsheim ! Vive le riz, vive Borriglione ! » Bischoffsheim ! Avec un nom pareil, totalement imprononçable sur la rive gauche du Paillon, le pauvre milliardaire, n'avait aucune chance.

La lutte fut chaude cependant et, pour Alfred, elle était loin d'être terminée. Avec l'appui de *L'Eclaireur,* le journal de l'avenue de la Gare, le journal des hivernants qui deviendrait plus tard le journal de la droite, les plus acharnés des adversaires de Borriglione, les avocats Lairolle et Funel de Clausonnes, orchestrèrent la démission de treize conseillers municipaux. Treize postes à pourvoir ! Borriglione se retrouverait en danger si l'opposition passait. Contre *L'Eclaireur,* l'homme du riz pouvait compter sur le soutien du *Petit Niçois,* de tendance plus démocratique. Entre les deux organes de presse on ne se fit aucun cadeau. Que reprochait-on à Borriglione ? Tout et son contraire, ce qu'il n'avait pas fait et surtout ce qu'il avait fait : le casino que l'on appelait la *feniera* (la grange à foin). La liste des opposants conduit par le docteur Balestre l'emporta de deux mille voix. Le soir même, Borriglione quittait le bureau de vote qu'il présidait, avant même le dépouillement, en passant par une fenêtre du rez-de-chaussée. Il ne devait plus revenir à l'hôtel de ville. Le lendemain il fit paraître dans *Le Petit Niçois* sa démission de maire de Nice.

Si je me suis étendu si longtemps sur le cas Borriglione, c'est que, par bien des aspects, il préfigure le destin de Jacques Médecin. Même accusation de dilapider les deniers publics, même réticence envers leurs idées trop novatrices, même aptitude à engendrer l'amour populaire, même méfiance de la part des bien-pensants, et cela quel qu'en soit le contexte, catholique et conservateur pour Borriglione, virulence de l'establishment gauche et droite mêlées pour Jacques Médecin.

Le 2 décembre 1890, Alexandre Médecin, adjoint du maire François Malausséna, se précipita à l'état civil tout heureux d'y faire inscrire son quatrième fils : François, Xavier, Stanislas, Horace, Jean, Antoine, Marie, René, Pierre, Anthiome... Dix prénoms pour quelqu'un qui, par sa fonction, allait devoir toute sa vie décliner son état civil : le père Alexandre avait de l'humour. Tellement même qu'en choisissant François comme premier prénom du nouveau-né, il oubliait qu'il possédait déjà un garçon qui s'appelait François Xavier ! De retour au domicile, il eut un moment de flottement, comment allait-on appeler cet enfant ? Ce fut Félicie, la maman, qui trancha, puisqu'il y avait un Jean, parmi les dix prénoms inscrits au registre civil, ce serait Jean. Elle trouvait Jean simple et sonnant heureusement avec Médecin.

D'où venaient-ils ces Médecin ?

« *De Toscane, ce qui a fait dire à une chartiste qui écrivit dans les années trente un mémoire sur mon père que la famille appartenait à la lignée des Médicis. D'autant, affirmait-elle, que Médecin est un nom de corporation porté nulle part ailleurs, sinon sur la Côte d'Azur. Et, c'est vrai, j'ai cherché dans des grimoires, des annuaires, des dictionnaires je n'ai jamais rencontré de Médecin hors de la région.* »

Médicis ou pas, les Médecin apparaissent à Villefranche-sur-Mer au XVIe siècle, ce sont presque tous des patrons commandants de petits navires marchands, effectuant le cabotage le long des côtes de la Méditerranée. Ils s'appellent Claude, Nicolas, Honoré. L'ascension sociale est lente mais régulière. Comme dans toutes les bonnes familles du comté, on donne quelques-uns de ses fils à l'Eglise. Don Antonio François Médecin, installé à Milan, fonde en 1726 une messe quotidienne et perpétuelle à l'autel de la Vierge. On se marie aussi, plutôt bien — dresser la liste des alliances contractées par les Médecin, c'est faire le panégyrique des grandes familles du comté : les Orengo, Séméria, Barralis, Scoffier, Fighiera, Giaume, Scaliero, De Foresta. Mais, comme les Médecin voyagent notamment du côté de Gênes, parfois ils en rapportent de belles Transalpines : les Arena, les Garetti, les Ughetto. Rien que du sang latin, des fruits de la Méditerranée.

Aux capitaines vont succéder trois générations d'hommes de loi. Au milieu du XIXe siècle, l'Eglise ne suffit plus à asseoir une dynastie, il y faut aussi la respectabilité civile et sociale. Pierre Médecin, dans les années 1850, est le premier à comprendre que la robe de l'homme de loi va peu à peu remplacer, voire supplanter, celle de membre du clergé. Aussi devent-t-il juge de paix du canton ouest de Nice et syndic de Villefranche, autrement dit maire, à l'âge de vingt-quatre ans. Un malin, ce Pierre, ses séances de tribunal sont restées dans les annales. Juge de paix, il n'avait à traiter que de sombres histoires de voisinages, d'accaparement de territoire. Pierre Médecin s'adressait aux plaideurs moitié en français, moitié en niçois. Il les écoutait d'un air sévère, réfléchi, puis quand il en avait assez, il tranchait : « C'est une affaire très grave, nous allons la renvoyer à huitaine. Greffier, inscrivez... » Généralement les parties se récriaient; alors, prenant son air le plus digne, Pierre les menaçait de les condamner toutes les deux. Puis, en confidence, et en niçois comme si soudain il abandonnait le prestige de sa fonction officielle, il leur disait : « Voilà ce que vous allez faire : il y a un café, en face, à la sortie. Vous irez boire un verre à ma santé et à la vôtre et que je ne vous revoie plus. » L'affaire était réglée. Dans ce paternalisme bon enfant et retors, on trouve les ingrédients de ce qui constituera le fondement de la psychologie politique de Jean Médecin et de la convivialité familière et populiste de Jacques.

Les Médecin, pendant deux siècles, avaient chargé de l'huile sur des tartanes, huile qu'ils transportaient jusqu'en Espagne où elle était mélangée à d'autres et revendue dans tout le bassin méditerranéen. Attirance naturelle ou pure coïncidence, c'est une fille de *deficié*[1] installé à Nice depuis le XVIIIe siècle, Félicie Chauvet, qu'Alexandre va épouser. Une belle fille, Félicie, avec du sang espagnol du côté de sa mère, originaire de Valence, que M. Chauvet a conquise lors de ses pérégrinations. Est-ce dans cette origine qu'il faut chercher le teint olive de Jean, sa silhouette émaciée de conquistador ? Il existe une photo de Jean Médecin en uniforme de capitaine du 173e régiment d'infanterie, il a vingt-cinq, vingt-six ans, une photo rare, sans sourire inutile, le visage d'un jeune homme rêveur et volontaire à la fois, avec ce regard sombre porté par des yeux trop larges, légèrement proéminents, où perce en permanence un fond de tristesse, cette tristesse méditerranéenne latente, lourde du poids de deux mille ans de civilisation et de mort. Une fine moustache surmonte des lèvres épaisses, une bouche à la sensualité tempérée par une distinction un peu surannée, une sorte de pudeur devant la vie, impression de fragilité qu'accentuent un long cou et deux oreilles légèrement décollées. Sur ce portrait, Jean Médecin ressemble à ces cadets de l'Ancien Régime promis à un destin exceptionnel ou à une

1. Huilier, fabricant d'huile.

mort prématurée, mélange d'innocence et de hauteur aristocratique.

Mobilisé pour un an, Jean Médecin devait être libéré au début de l'été 1914. Mais le 2 août, jour de la déclaration de guerre, le 173e d'infanterie quitta Corte en Corse pour le front. Comme les autres, le caporal Médecin pensait que cette guerre fleur au fusil serait victorieuse et courte. A Nice, durant la saison, celle de l'hiver 1913-1914, la colonie allemande avait pris ses quartiers comme d'habitude. Le roi de Wurtemberg séjournait pour la huitième fois au cap Martin. Au printemps, l'aristocratie internationale s'était donné rendez-vous pour le prochain hiver. Après leur départ, les hôtels roulèrent les tapis d'honneur, rangèrent l'argenterie, couvrirent de housses les canapés et les tables de bridge. Personne ne pensait que cette fois-ci les rideaux tirés ne se relèveraient que quatre ans plus tard sur un monde nouveau, que l'Europe de la noblesse, l'Europe cosmopolite, allait disparaître dans un bain de sang. En effet, qui aurait pu imaginer que des gens si bien élevés, qui vivaient et prenaient le thé ensemble, allaient s'étriper jusqu'au dernier ?

Félicie Médecin, veuve d'Alexandre depuis 1912, voit ses quatre fils partir pour la guerre : Pierre l'aîné comme médecin ambulancier, Paul au cœur faible à l'arrière, François Xavier et Jean tous deux dans l'infanterie en première ligne. François Xavier, père d'un petit garçon né en mai 1914, ne vit jamais son fils, il fut tué dans les premiers mois. Après la guerre, Félicie se plaisait à répéter : « Je suis une des femmes les plus heureuses de France, j'avais quatre fils, quatre sont partis à la guerre, trois sont revenus. Je ne pense pas qu'il y ait beaucoup de mères qui aient eu autant de chance ! »

Jean Médecin se retrouva plongé dans la bataille sans

esprit guerrier. Ses études de droit, son métier d'avocat le portaient plutôt à la diplomatie et à la conciliation. Ses ambitions se trouvaient dans le civil, dans la réussite sociale, voire la politique. Cette guerre, pensait-il, allait lui faire perdre beaucoup de temps. En vérité, elle forgea son destin.

Jean fut courageux et il eut de la chance. Avec le courage, il conquit le grade de capitaine, l'amitié et la ferveur de ceux qui l'approchèrent ; avec la chance, il sortit vivant du massacre. Cette conjonction détermina son chemin et, par la suite, la conquête du pouvoir. Caporal au début du conflit, Médecin se retrouva capitaine à la veille de Verdun en 1916.

« *Mon père ne parlait jamais de la guerre, jamais sinon pour évoquer le Chemin des Dames où montant trois cents à l'assaut ils ne furent que dix-huit à revenir. Beaucoup plus tard en 1977, à l'époque j'étais secrétaire d'Etat au tourisme, je suis allé sur les lieux de la bataille. Lorsque j'ai vu cette colline ridicule pour laquelle tant d'hommes étaient morts, là où le régiment de mon père avait subi de telles pertes, eh bien, soixante ans après, j'ai pleuré. Papa me disait : " Je suis devenu capitaine parce qu'à la fin on ramassait la vareuse de l'officier tombé devant soi. Oui, il avait une sainte horreur de la guerre malgré sa conduite héroïque.* " »

Côte 304, c'est là, au Chemin des Dames, que Jean Médecin fut décoré de la Croix de guerre et de la Croix de chevalier de la Légion d'honneur à titre militaire. Il avait vingt-six ans.

Après l'armistice ce fut le Maroc et la révolte du Rif. A son retour, après six années sous les drapeaux, Nice avait terriblement changé : plus de saison d'hiver, pas encore de saison d'été, la ville moribonde sombrait à nouveau dans sa léthargie séculaire. Disparus les nababs, disparus les princes, morts ou ruinés ; les grands hôtels vaisseaux de Cimiez voguaient sur du vide. Transformés en hôpitaux pendant la guerre ils avaient bien du mal à retrouver leur âme de luxe et de plaisir.

Côté Médecin, la mère et ses trois filles, Marie-Laure, Thérèse et Adèle, vivaient dans l'immeuble de la rue Notre-Dame que Félicie avait acheté avec sa propre dot. Bienheureux immeuble, unique source des revenus de la famille. Jean s'associe avec un maître du barreau niçois : Alexandre Mari, mais les affaires ne sont pas florissantes. Après une telle curée, les hommes ont besoin de paix, ils sont moins chicaneurs, moins procéduriers. Les avocats doivent se rabattre sur le voleur et l'assassin qui eux aussi, étrange conséquence de la guerre, se font plus rares. L'avocat novice fréquente les anciens combattants, des Niçois mais aussi des Corses, ceux de Corte qui constituaient l'épine dorsale du 173e régiment, enfin ceux qui sont encore de ce monde. Un monde que l'on veut refaire. La guerre donne des droits à ceux qui l'ont gagnée, des droits sur cette société civile qui n'a rien compris, rien changé, société de retraités desséchés. Au début de ces années vingt, les anciens combattants sont encore de jeunes hommes, fiers d'avoir survécu, fiers d'avoir vaincu. Ils entendent toucher le prix du sang versé, la juste récompense de leur héroïsme. En vérité, lorsqu'ils déboulent juvéniles et pétant le feu dans les allées racornies du pouvoir tenu par des notables et des caciques cacochymes, ils font plus que gêner : ils dérangent.

Jean pense à son avenir, il pense aussi aux femmes ; enfin plutôt à la femme, celle qu'il aurait envie d'épouser. D'ailleurs, l'un ne va pas sans l'autre : pour réussir il faut être marié et bien marié. La future, il va la rencontrer grâce à ses sœurs qui durant la guerre ont servi comme infirmières dans un hôtel de la rue Alphonse-Karr transformé en hôpital. Entre deux pansements aux blessés, elles ont lié amitié avec la fille de la maison, Amélia. Dans les veines d'Amélia, coule un mélange curieux, moitié allemand, moitié niçois. Bel hôtel d'ailleurs que celui de M. Meyer, cent quarante chambres, un service impeccable. Avant la guerre, cent soixante personnes y travaillaient pour une dizaine de familles russes qui venaient, là, passer leur hiver. Elles arrivaient avec leurs précepteurs, leurs valets de pied, leurs cochers, leurs femmes de chambre. Chaque famille comprenait, outre le couple central et une multitude d'enfants, les oncles, les tantes, les cousins, les cousines. Tchekhov, qui vécut à Nice quelque temps, a bien rendu cette ambiance de pension pour familles riches et désœuvrées.

Guillaume Meyer, né en 1850, appartenait à cette race d'hôteliers allemands qui avaient essaimé partout en Europe. Dur au travail pour lui comme pour les autres, le papa d'Amélia se levait chaque jour à quatre heures du matin pour aller faire le marché. Le reste de la journée, il surveillait la cuisine, surveillait la comptabilité, surveillait l'économat, surveillait le personnel, surveillait tout le monde, tout le temps. Il avait appris lorsqu'il travaillait chez les autres que, dans l'hôtellerie, l'ennemi vient de l'intérieur. Méfiance. De même pour les achats : savoir choisir ses fournisseurs constituait le b.a. ba du métier. Aussi, lorsqu'on lui confia qu'il existait un excellent boucher aux Baumettes, belle viande et pas chère, il n'hésita pas une seconde, il traversa la ville. Les Baumettes, un quartier perdu en pleine campagne. Pour l'atteindre, il fallait traverser des marécages peuplés de nuages de moustiques. Qu'importe, Guillaume fit atteler sa petite voiture, se couvrit d'une épaisse pelisse et au trot de son vieux cheval traversa tous les périls pour découvrir chez M. Magnico boucher non seulement une viande incomparable mais surtout Mlle Magnico. Un bonheur rose, au milieu des tranches saignantes. Une beauté rare, précieuse et naturelle. Ce fut ce naturel qui conquit

Guillaume ; ce que l'hôtelier cherchait avant tout chez une femme, c'était justement l'absence d'affectation, du premier choix en quelque sorte. Guillaume vint tous les jours, Mlle Magnico fut séduite, papa Magnico encore plus. Affaire conclue, Mlle Magnico devint Mme Meyer et la maman d'Amélia.

Jean Médecin découvrit Amélia sous un sapin de Noël. Ils dansèrent ensemble, ce soir-là, plusieurs fois. Ils se plurent. Mais comme ils étaient bien élevés, ils ne se le dirent pas. La relation suivit son cours avec présentation au père Meyer qui, à plus de soixante-dix ans, tenait encore ferme son monde. Ainsi, il fut décidé que les amoureux s'épouseraient lorsque le jeune homme aurait conquis sa place au soleil.

Cette place, Jean pour l'instant ne la conçoit qu'au barreau. La politique ? Bien sûr il y pense. Lors des élections législatives qui devaient porter à la Chambre la majorité bleu horizon, appelée ainsi en raison du nombre d'ex-combattants qui la constituaient, des camarades de combat l'avaient proposé pour être sur la liste de Flaminus Raiberti, figure célèbre de la politique départementale. Mais peu après, ces mêmes camarades firent comprendre à Jean qu'ils s'étaient déterminés un peu vite et que peut-être, pour l'intérêt général, il devrait laisser sa place à un autre jeune « ancien » combattant, plus en vue, Humbert Ricolfi. Médecin ne pouvait que céder à la pression de ses amis. Au demeurant, « monter » à Paris ne l'enthousiasmait guère. La politique, la « grande », l'intéressait peu. National et modéré, c'est certain, mais cette conviction, si cela en était une, ne lui suffisait pas pour avoir l'envie de se mêler de façon effective aux affaires du pays.

Nice, au contraire... La vie municipale lui paraît si terne, si morne. La capitale de la Côte d'Azur ressemble de plus en plus à une préfecture poussiéreuse où le palmier fait illusion. Une ville entièrement centrée sur la saison d'hiver et ses estivants de moins en moins nombreux. Nice d'avant-guerre, Nice de la Belle Epoque, meurt lentement à l'image de ses palaces dont certains commencent à fermer leurs portes irrémédiablement. Nice du soleil et du casino, Nice de la liesse et du champagne possède son revers : les taudis de la vieille ville habités par un flot migratoire sans cesse en augmentation. Les Italiens constituent l'essentiel de cette vague, ils fuient la pauvreté et le fascisme naissant, ils sont trente mille, bientôt trente-cinq mille ! Nice est habituée aux étrangers, aux étrangers riches ! Cette fois, il lui faut absorber une population désargentée, misérable. Pourtant, on construit peu, ou du moins on continue de construire pour les possédants. Les temps changent, mais Nice demeure.

Jean est conscient de cette dilution, conscient aussi que pour le reste de la France, sa ville symbolise la capitale de l'œillet et des froufrous, une sorte de colonie exotique enclavée dans le territoire. Nice a perdu quatre mille hommes durant la guerre mais qu'importe, le Niçois continue à ne pas être pris au sérieux, le Niçois fait sourire. Ah ! ces gens du Midi... Un peu fainéants, beaucoup galéjeurs ! Nice amalgamée avec Marseille dans une totale confusion des genres ethnique et géographique. Vu de la capitale, quelle importance ! Jean aime d'amour le comté, il en connaît la dureté, les maigres cultures arrachées à la pierraille. Il sait les femmes de ménage travaillant quinze à dix-huit heures derrière les façades rococo des palaces. Révolutionnaire, Jean ? Non. Justicier peut-être. Moral certainement.

Lorsque, en 1923, il se marie avec Amélia, le nouveau souffle que les anciens combattants rescapés croyaient pouvoir apporter dans la vie publique s'estompe ; les anciens, pour ne pas dire les vieux, tiennent toujours le haut du pavé de la vie locale. Cependant, à partir de cette date, les événements vont se précipiter comme si un metteur en scène attendait que tout soit en place pour frapper les trois coups. 1925 : Pierre Gautier, qui avait succédé en 1922 à Honoré Sauvan mort en cours de mandat, présente sa liste aux élections municipales. Sur celle-ci, l'avocat en renom Alexandre Mari à son tour conseille au futur maire, un homme encore jeune, de talent, estimé des anciens combattants, avocat promis à un bel avenir, issu d'une famille cent pour cent du terroir : Jean Médecin. Elu maire, Pierre Gautier, à qui Jean a plu, lui confie le poste d'adjoint à l'Instruction publique et aux Beaux-Arts.

Dès la séance du 10 juin 1925, Jean Médecin annonce la couleur : l'accession au pouvoir à travers sa personne de la génération du feu.

« En m'appelant à siéger parmi vous, dit-il, vous avez certainement voulu accorder un témoignage de votre confiance aux jeunes. [...] Vous savez bien qu'ayant derrière eux une moins longue carrière, ils ont cependant acquis à la rude école où ils sont passés de 1914 à 1918 une expérience qui les a préparés à connaître les problèmes de l'heure. [...] Soyez assurés que si nos conceptions, qui seront celles de notre âge, pourront parfois différer [...] elles seront du moins toujours soumises au contrôle sévère de nos consciences. »

L'Instruction publique et les Beaux-Arts, un poste de tout repos où les prédécesseurs de Jean Médecin s'endormaient consciencieusement. Le jeune adjoint, au grand étonnement de tous, se prend au jeu. En peu de temps il lance un programme de construction de classes, crée une école de plein air, s'occupe des quartiers sous-équipés. Non seulement il œuvre avec résolution dans le domaine qui est le sien mais de surcroît il le fait avec un entregent qui charme ses interlocuteurs. Dès cette époque, la fascination commence à opérer. Une fascination constituée de mille petits riens : disponibilité d'écoute, politesse, distinction, efficacité, sans oublier la magie d'un verbe qui enrobe, séduit, ronronne pour mieux rebondir au détour d'une flatterie discrète, jamais appuyée, tombant juste, suffisamment du moins pour le faire croire à l'interlocuteur.

Le 12 novembre 1927, Pierre Gautier meurt deux ans seulement après avoir été élu. Décidément, le fauteuil de maire porte malheur. Alexandre Mari, le premier adjoint, lui succède, Médecin conserve son poste à l'Instruction.

Un an plus tard, la chance, la grande chance, sourit pour de bon à Jean Médecin. Un incident de parcours sur la route d'Alexandre Mari va déterminer la vie de la cinquième ville de France pour plus d'un demi-siècle.

En octobre 1928, ont lieu les élections cantonales. Alexandre Mari se présente dans le quatrième canton. Elections sans histoire en principe. Se profile alors le jeune Donadeï, fils d'Alfred Donadeï, ancien député et très influent vice-président du conseil général. Les Donadeï, une famille d'hôteliers, ont de l'argent, beaucoup d'argent. Avec cet argent et ses relations, le vieil Alfred verrait bien son fils élu conseiller général, première marche dans la conquête de la mairie. Alfred met le paquet — campagne à la limite de la calomnie envers Alexandre Mari — et, au sprint final, triche dans les urnes. Le soir du scrutin, Alexandre Mari est battu de quelques dizaines de voix : 4 218 pour Donadeï, 4 073 pour Mari. Alexandre, homme de sensibilité et de cœur, ne supporte pas cette sanction qu'il sait de surcroît acquise par la fraude et la diffamation. Le lendemain, il démissionne, suivi par une bonne partie du conseil municipal, Jean Médecin en tête. Dégoûté, l'adjoint à l'Instruction vide son bureau de la mairie et décide que, désormais, avocat il sera et rien de plus. Les Donadeï se frottent les mains : la démission en bloc de la majorité du conseil municipal va provoquer de nouvelles élections. Un peu trop tôt même pour le bel Eugène qui n'a rien prouvé du tout. Alfred, le vieil Alfred, n'hésite pas longtemps ; si Eugène est trop tendre, lui n'est pas encore trop rassis. Le candidat, ce sera lui. Eugène au conseil général, Alfred à la mairie ! Les amis d'Alexandre Mari insistent auprès de lui pour qu'il se représente, sinon Nice va tomber entre les mains d'affairistes sans envergure. Alexandre dit non, meurtri ; sa défaite l'a rendu amer, l'idée d'affronter de nouveau le clan Donadeï le glace d'horreur. Alfred constitue une liste sur laquelle se retrouvent la plupart des conseillers municipaux qui s'étaient désolidarisés du maire démissionnaire plus quelques personnalités sans grande envergure mais capables de donner le change. Un vent de panique souffle sur la vieille ville où l'on n'aime guère les manières de Donadeï. *Le Petit Niçois,* que dirige un homme à poigne, Paul Bermont, dénonce les « affairistes ». On ne veut pas de Donadeï, c'est un fait, mais qui lui opposer ? *Le Petit Niçois,* toujours lui, réclame une « liste d'union » — union, d'accord, mais entre qui et qui ? Le personnel politique du département regarde avec suspicion cette élection, les amitiés qu'a su tisser Alfred Donadeï au sein du conseil général découragent beaucoup de se présenter contre lui. Et puis, c'est bien connu, à Nice seul un Niçois peut vaincre. Qui le premier pensa à Jean Médecin ? Peut-être Paul Bermont, peut-être les anciens combattants, peut-être les deux à la fois. Ce sont les vieux amis d'Alexandre Médecin, il en reste encore beaucoup de vivants qui les premiers évoquent avec lui sa candidature. Jean est sceptique. Il se sait réservé, timide : affronter les meetings d'une campagne qui sera dure, très dure l'effraye. Autre handicap : le retard pris ; si candidature il y a, elle sera tardive, trop tardive. L'élection doit avoir lieu le 2 décembre. Le 22 novembre, *Le Petit Niçois* titre : « C'est toujours le chaos. » Paul Bermont demande à voir Jean

Médecin, les deux hommes s'estiment. Le directeur du *Petit Niçois* a fait son choix : contre Donadeï, un homme s'impose, un homme neuf, cet avocat qui a bien travaillé à l'Instruction.

— Il faut vous présenter, dit-il, mon journal vous soutiendra à fond.

— Je vous en remercie, répond Médecin, mais nous sommes fin novembre, il me faut constituer une liste... Je suis un homme seul.

— Vous n'êtes plus seul puisqu'il y a le journal. Pour la liste, débrouillez-vous, des hommes à peu près honnêtes et qui veulent briller, on en trouve toujours. Ce qui compte, c'est battre Donadeï. Nice, vous le savez, subit une crise économique très grave; il faut entreprendre un plan de renouveau. Nous sommes beaucoup à avoir confiance en vous.

— C'est bon, j'irai, vous pouvez annoncer ma candidature.

Le lendemain 24 novembre paraît dans la presse l'avis suivant signé Jean Médecin : « Sans ambition personnelle, guidé par l'unique souci de l'avenir de notre pays, j'accepte d'être le candidat de tous les honnêtes gens. »

Constituer une liste ! Une liste à tout prix ! Le candidat à la mairie n'en dort plus la nuit. Il erre dans l'appartement nouvellement aménagé du quai des Etats-Unis, réveille le petit Jacques qui vient juste d'avoir sept mois, son second fils après Alexandre né en 1925.

— Dors, Jean, supplie Amélia.

— Il me faut vingt-deux noms pour demain.

— Quelle folie !

Folie, coup de génie? Le lendemain Jean Médecin publie une liste où son nom est mentionné vingt-trois fois ! La légende s'empare à jamais de cet exploit unique dans les annales électorales. Par ce premier coup de maître, se révèle le caractère politique de Jean Médecin : plutôt que de choisir quelques notables plus ou moins représentatifs, l'avocat parie sur lui-même. Il y a beaucoup de bravade dans ce pari mais aussi, paradoxalement, une forte dose de prudence. Les hommes qui doivent l'entourer, ceux qui vont déterminer la gestion de la ville, ne peuvent être désignés au petit bonheur la chance, sous la contrainte du temps. Aux électeurs, il explique et promet : « ... Je prends ici l'engagement solennel de confier au lendemain du 2 décembre aux fédérations économiques, aux groupements régionaux et aux associations issues de la guerre le soin de présenter une liste de personnalités qui sera l'émanation de l'âme et du cœur de notre cité. »

Non seulement la population comprend mais, étonnée, elle est conquise.

Les adversaires et détracteurs futurs de Jean Médecin et de sa dynastie verront dans cette liste où figure vingt-trois fois « J. Médecin », une parabole significative, quasiment un signe annonciateur. Avant même d'être élu, le candidat annonce la couleur : « C'est pour moi que vous allez voter et moi seul. » Dès cet instant, la mainmise et le pouvoir personnel sont implicites. Cependant, dans le peu de jours qui précèdent le 2 décembre, Médecin ne pense certainement pas qu'il prépare un coup d'Etat déguisé ; non, il pare au plus pressé dans des conditions épouvantables. Donadeï, après avoir tenté dans une ultime manœuvre de lui proposer la place de premier adjoint sur sa liste, se déchaîne. Des affiches fustigent ce blanc-bec qui ose se présenter au suffrage des électeurs sans équipe et sans programme, Donadeï oubliant en la circonstance que de programme il n'en a pas non plus. L'hôtelier sent le danger, cette effervescence qui parcourt la ville essentiellement dans les quartiers populaires. La bourgeoisie prudente du centre ville lui est acquise, sans enthousiasme, car, enfin elle ne saurait changer d'avis en si peu de temps. Mais le reste, tout le reste bouge. Les anciens combattants mènent la danse pour Jean Médecin, la vieille ville fait résonner ses fifres pour le fils d'Alexandre, ce « pichoun », brave héros de la guerre.

Donadeï a raison de se méfier, il sera battu.

Douze mille cinq cent quarante-deux suffrages se portent sur Jean Médecin élu au premier tour, il met; en ballottage la liste de Donadeï dans son intégralité. Ce 2 décembre, Jean Médecin fête son trente-huitième anniversaire. Des années plus tard, Jacques n'oubliera pas, en évoquant, la première élection de son père de préciser :

« *Le 2 décembre, son anniversaire, celui d'Austerlitz aussi.* »

La bataille était gagnée, Nice se passionnait pour cet homme qui à lui seul avait mis au tapis vingt-trois notables bien établis et ventrus. Médecin sait que la victoire finale lui appartient. Un changement foudroyant s'opère en lui. Homme secret, il devient volubile; tranquille, le voilà affairé; réservé, il clame son enthousiasme; affable, il se montre agressif. L'animal politique surgit en lui avec une telle violence, une telle rapidité que l'on peut imaginer que la bête était tapie là depuis longtemps. En sommeil, elle attendait le jour et l'heure du réveil. Les réunions succèdent aux réunions, on se bouscule pour être sur la liste du vainqueur, des hommes se mettent à son service; ils le resteront jusqu'à la fin, avec dévouement avec foi. Maurice de Alberti, futur directeur du Bureau d'aide sociale, homme de confiance de Jean, chef de cabinet de Jacques, se souvient de sa première rencontre avec celui qui deviendra le « Patron » :

« C'est entre les deux tours de sa première élection que j'eus pour la première fois l'occasion de l'approcher. Dans le milieu de la semaine une réunion des candidats (les membres de liste) était prévue chez M. Auguste Icart, important entrepreneur d'installation sanitaire qui occupera par la suite les fonctions d'adjoint à la voirie. Mon père, le docteur Charles Alberti, qui figurait parmi les vingt-deux candidats [...], ne put se rendre à cette réunion et me demanda de le représenter. J'avais dix-neuf ans. [...] J'éprouvais une sensation de timide isolement en pénétrant dans le vaste appartement du boulevard Dubouchage. [...] Jean Médecin fit son entrée. [...] Je me présentai, il me dit simplement : " Tu t'intéresses si jeune à la politique, c'est bien. " Après quelques échanges de propos avec ses amis, le silence se fit et d'emblée l'autorité du chef s'imposa. Il présenta brièvement la situation, expliqua les raisons de sa certitude dans le succès final, donna des directives. [...] Dans le compte rendu que je donnais à mon père, je lui fis part de l'impression de maîtrise exceptionnelle que me laissait le contact avec cet homme jeune, d'une tenue aristocratique sans être condescendante, aux paroles précises et mesurées sans emphase. Cette image ne s'est jamais effacée de ma mémoire. »

Parmi les vingt-deux noms de la liste Médecin, des chirurgiens, des architectes, un ancien bâtonnier, des noms mais aussi un programme qui paraît aujourd'hui évident et qui cependant en cette fin des années vingt restait à accomplir : installation de l'eau potable dans tous les quartiers, électrification des principales voies, résorption des gadoues, lutte contre la pollution (déjà !), assainissement de la Baie des Anges, etc.

DÈS ses toutes premières années d'enfance, Jacques Médecin s'avère de fait le fils d'un suzerain. Son père, par sa conquête de l'hôtel de ville sur un coup de dé gagnant, a personnalisé à l'extrême son élection. En 1928, la mairie de Nice est déjà « sa » mairie. Le nouveau maire très rapidement installe au sein des services des hommes qu'il connaît, dont il estime la valeur. Ces hommes qui vont occuper les postes clés tant dans le domaine technique qu'administratif apparaissent comme son émanation. Prééminence sur les collègues élus, toute-puissance sur son administration, Jean Médecin se retrouve en situation de gouverner selon ses idées. Une sorte de pouvoir absolu jamais présenté ni peut-être même pensé comme tel mais bien réel cependant. Pas de pouvoir, encore moins de pouvoir absolu sans l'homme qui l'assume et peut l'imposer. Jean Médecin ne se conduit pas en monarque, il n'en a ni les prétentions ni l'ambition. Monarque, il l'est de fait, avec ce naturel, cette aura dirait-on aujourd'hui, qui efface et gomme les obstacles. Le pouvoir est là, concentré en un homme sans contestation possible. En quelques mois Médecin et son système de gouvernement sont devenus inéluctables.

Cet envoûtement de toute une ville va être confirmé par les élections de mai 1929. Dès lors, il est certain que ce n'est plus un maire que l'on envoie à la mairie, mais l'avènement d'un monarque par le suffrage populaire à la charge qui lui revient de droit. Hervé de Fontmichel, avocat, aujourd'hui maire de Grasse, et qui fut l'un des plus jeunes conseillers du vieux roi à la fin de son règne, relie ce phénomène à d'autres précédents historiques : « Le pouvoir municipal niçois, écrit-il, tel qu'il fut notamment excercé par Jean Médecin, est monarchique de par sa nature personnalisée, son ampleur et son retentissement parmi la population. Il est parfaitement démocratique puisque bénéficiant du suffrage d'un “ consensus ” populaire d'une profondeur rarement atteinte. L'on se trouve donc en présence d'une sorte de monarchie élective qui n'est pas sans rappeler le système de certaines Républiques italiennes depuis longtemps disparues. »

Nice, la toute dernière-née des grandes villes françaises, Nice, que des siècles d'échanges associent aux principautés et monarchies de ce qui n'était pas encore l'Italie, avait besoin d'un protecteur, d'un maître, d'un père. Jean Médecin découvre dans sa chair, les fibres de son être, le caractère inéluctable de ce destin. Non seulement il l'assume mais de surcroît il en codifie les structures, ce qu'on appellera : le système Médecin. Loi prédominante du système qui lui échappe du fait même de son importance : agir en sorte qu'entre le monarque et ses sujets s'établissent de tels liens de confiance, de contact permanent, que chacun des Niçois par la personne du maire croie participer à la gestion municipale, alors qu'en réalité il se produit l'inverse. Le roi amène la population à penser et à voir à travers lui et par conséquent à penser et à voir comme lui. Inconsciemment, le Niçois en vient à confondre Nice avec Médecin. Ce phénomène si difficile à comprendre pour les étrangers explique le lien entre une cité et une famille, entre une population et les membres de cette famille. Jean et plus tard Jacques sont l'incarnation de Nice. Ils s'identifient au-delà même de leur volonté.

Jacques avait donc tout juste un an quand son père devint « Jean de Nice ». Le Prince sait-il qu'il est fils de roi ? Certainement, puisque contrairement à ses jeunes camarades il voit rarement son père. Ces années trente sont pour lui des années douces, celles qui ont contribué à forger l'image d'un père qui aime et châtie, un père absent mais dont la stature envahit l'espace, les rêves et les pensées.

« *L'hiver, c'est la grande saison et pour mon frère Alexandre et moi l'école. Nous rentrions à la maison vers cinq heures. Bien sûr, mon père n'était pas là. Il arrivait à huit heures pour revêtir son smoking ou sa jaquette, à huit heures et demie il repartait. Pendant cette demi-heure on avait le droit de rester dans la salle de bains pendant qu'il s'habillait. Il nous disait deux mots, nous embrassait puis nous allions nous coucher. Je craignais énormément mon père, j'ai d'ailleurs compris plus tard en réfléchissant sur cette relation avec lui que l'amour n'est pas un sentiment simple. Il m'inspirait à la fois de l'admiration, du respect et de la crainte. Respect de l'homme qu'il était, de ce que je savais de son comportement pendant la guerre, admiration d'être le fils de quelqu'un qui suscitait tant d'amour et aussi tant de haine. En 1936, pendant le Front populaire, à l'école communale, les fils d'ouvriers communistes, et il y en avait pas mal, s'en prenaient à moi ; ils voulaient me forcer à crier : " Vive le Front populaire. " Ça faisait rire leurs parents que le fils Médecin crie des slogans communistes. De toute façon, nous les mômes on n'y comprenait rien, bien entendu. Mon père m'apprit à me défendre, à ne jamais céder. Il me disait : crie " Vive Médecin ", et je le faisais. Dans ces moments-là je l'admirais pardessus tout. Mon père, c'était le vrai patriarche, le chef, il excerçait une surveillance sévère sur les devoirs scolaires. Cet amour pour mon père que j'ai encore aujourd'hui, cet amour très profond est difficilement explicable. Le respect tout seul, l'admiration toute seule, la crainte toute seule non, mais de la conjugaison des trois peut naître ce genre d'amour, ça oui ! Dans mon bureau, à la mairie, j'ai son buste derrière moi, je le regarde trois ou quatre fois dans la journée dans une sorte de dialogue muet, plus exactement une communion de pensée.* »

A sept ans, écrit Céline, tout est joué, le caractère, les qualités, les défauts. Peut-on dire que le Jacques Médecin de 1935 portait déjà en lui les germes du personnage qui sera le sien ? Ce que l'on peut affirmer, c'est la présence du terreau, les alluvions. Le jeune garçon ingurgite avec voracité une somme d'événements et d'informations qu'avec son caractère il va au fil des ans s'approprier, fondre et refondre au feu de son tempérament. Duplicata de son père, il en est aussi l'antithèse. Défauts et qualités sont chez Jean toujours placés sous le signe de la pondération ; avec Jacques, ce sera l'exacerbation dans la vie privée comme en politique. Le fils court après l'image de son père mais il court si vite qu'il oublie en cours de route les raisons de la course ; à partir d'un certain moment, seule la course compte et la victoire au bout. La victoire sur quoi, sur qui ? Sur rien... La victoire pour la victoire. Ce qui était défaut chez le père se transforme en travers chez le fils ; plus grave : ce qui était travers chez le père devient faute chez le fils.

Un exemple, qui remonte justement à cette époque de formation : Jean Médecin, après son élection, continue à fréquenter ses anciens camarades de guerre, il les reçoit, les invite à déjeuner. Surtout ceux du 173e régiment d'infanterie, des Corses pour la plupart. Lors de leurs visites sur le continent ils apportent chez le capitaine le fromage de brousse, la farine de châtaignes, les *figatelli*, la *coppa*. On ouvre une bouteille de vin et le capitaine et ses hommes évoquent le bon vieux temps : « Vous vous souvenez, mon capitaine quand j'ai pris la bicyclette et que je suis allé livrer ce pli au général... et que l'on a trouvé le sergent déchiqueté, accroché à un arbre ? Et quand on a sauté dans ce trou d'obus, vous vous rappelez, mon capitaine ? »

Bien sûr, le capitaine se souvient. Ces bavardages d'anciens combattants ne sont pas son fort ; lui, la guerre, il n'en parle jamais, ni à sa femme ni à ses enfants ; la guerre, il l'a faite sans l'aimer, par devoir, bien faite comme il se doit. Mais avec ces hommes si heureux de le revoir si chaleureux, le capitaine joue le jeu, sans jamais s'y laisser prendre. Pendant des heures, Jacques le gamin écoute, boit les paroles de ces Corses qui deviennent pour lui des héros de légende. Ce sont ses parrains. On ne se méfie pas du fils du capitaine : devant lui on évoque les clans, les vendettas, le milieu aussi... Jacques enregistre. Au fil des heures et des jours, il se fait corse, joue au Corse : « Plus tard je serai corse », comme si c'était une vocation. La corsitude est entrée en lui, elle n'en sortira plus, avec son lot de valeurs mais aussi, pourquoi le taire, de calamités. Ces calamités, Jacques le gamin est incapable de les déterminer, plus tard il les oblitérera ou pis les transmutera en vertus.

« Les Corses m'ont inculqué le culte de l'amitié, c'est une des choses qui m'a le plus impressionné. Des années plus tard, on m'a demandé quelle était ma plus grande qualité, j'ai dit qu'à mes yeux c'était l'amitié, et quand on m'a demandé quel était mon plus gros défaut, j'ai répondu : l'amitié. La fidélité en amitié m'a coûté très cher, me coûte aujourd'hui même encore très cher mais cela n'a aucune importance, je préfère que l'on dise de moi que je suis fidèle jusqu'à la bêtise plutôt que de me faire accuser de traîtrise. Et cette vertu ou ce vice, comme on voudra, je le dois à ces années de jeunesse, à ces hommes imprégnés de la guerre de 14. Je peux dire que jusqu'à onze ans, en 1939 à la déclaration de l'autre guerre, les dix premières années de mon existence ont baigné dans cette atmosphère. »

Là où Jean esquisse, feinte et jongle, Jacques l'enfant sous influence s'empêtre, s'enfonce, s'enlise.

Roi de Nice, Jean Médecin respecte l'idéal républicain, égalitaire et laïque. Il aurait pu placer Jacques dans une institution, lui donner un précepteur. Non, tout simplement, il l'envoie à l'école communale de son quartier : l'école Saint-François. Les Médecin ne sont pas des bourgeois, Jean Médecin se veut citoyen honnête homme et libéral. A Nice, on est négociant ou noble, parfois les deux à la fois, bourgeois jamais sinon lorsque, venu d'ailleurs, on en amène avec soi les rites et les tabous. Jean respecte les vertus du peuple dans la tradition des hommes de la fin du XIXe siècle qui croyaient dur comme fer à la science, à l'instruction et au civisme. Il ne se sent appartenir à aucune caste particulière ; sceptique de nature, les idéologies n'ont que peu ou pas de prise sur lui. La modération considérée comme une éthique pourrait en vérité résumer toute sa philosophie. Ses goûts, ses lectures le portent vers le siècle des Lumières ; il apprécie Alain et Bergson, il deviendra plus tard l'ami de Paul Valéry.

Jacques se retrouve à l'école avec des fils d'ouvriers, de maraîchers du marché Saleya, de poissonniers, de fleuristes, d'émigrés italiens. Il n'a pas besoin d'apprendre le peuple, il en fait partie, parlant sa langue, jouant aux mêmes jeux, se tapant sur la gueule à la récréation, se montrant le zizi dans les toilettes, pétant et jurant à qui mieux mieux. Sachant aussi dans un coin, un tout petit coin de son cerveau, que le soir en rentrant à la maison il faudra modérer sérieusement ses ardeurs sinon gare ! Amélia, au contraire de son époux, même si elle non plus n'est pas issue de la grande bourgeoisie, n'en applique pas moins avec vélocité ses pratiques rigoureuses d'éducation. Jacques toute sa vie conservera par bien des aspects les manières et les façons de la communale, il n'aura jamais besoin de prendre sur soi pour discuter, comprendre et finalement aimer les petites gens, pour la bonne raison qu'une grande partie de son être a été moulée dans le même moule, qu'il possède tous les codes, tous les clichés, toutes les naïvetés, toute la générosité aussi de l'homme de la rue.

« *A Saint-François, on ne me traitait pas comme le fils du maire. J'ai un de mes amis, Lolo Vassalo, que je croise encore tous les jours ici dans le quartier du Vieux-Nice, sa maman y vendait des anchois. Je me souviens, quand j'accompagnais Lolo, comment qu'elle me recevait si je touchais à ses anchois ; en niçois elle me disait de cavaler, fils du maire ou pas, elle s'en fichait pas mal ! Il y en a d'autres, des copains de cette époque-là, comme Célestin Riquier ; vous savez ce qu'il a fait, Célestin ; il vient de battre le record du monde du cent mètres quatre fois quatre nages dans la catégorie des plus de soixante-dix ans ! Oui, il a dix ans de plus que moi, mais Célestin faisait partie de mes copains.*

« *D'ailleurs cette école communale de Saint-François a produit des gens tout à fait étonnants et disparates : un évêque, un amiral, un général d'aviation, un médecin militaire général, des gangsters aussi, tous morts et pas de mort naturelle... Oui, c'était une école extraordinaire, très populaire.* »

Chez les Médecin, on ne fait pas de folies dépensières, obéissant en la matière aux plus sûres traditions du comté. La fortune existe, mais on ne la montre pas. L'argent, on le place, on l'investit. Les Médecin sont aisés certes, riches surtout de terrains qui ne prendront de valeur que des années plus tard. Jean Médecin a hérité de la maison familiale construite par Alexandre à Gairaut, la famille s'y retire au grand complet dès le mois de mai et les premières chaleurs. Pour Jacques, aux amitiés de la ville succède la découverte des paysans. Tous ces maraîchers petits propriétaires qui ne descendent à Nice que les jours de marché continuent à vivre sur les collines une existence guère éloignée de celle de leurs ancêtres. Sous les oliviers et dans les vignes, Jacques est encore moins fils du maire qu'en bas. Il partage les jeux des petits paysans, mange avec eux le lapin rôti sur le feu de bois en plein air. Une vie de sauvage protégée certes, mais tout de même très indépendante. Pour ses dix ans, Jacques construit au fond du jardin de la propriété paternelle une cabane dans laquelle il s'évertue à ce qui deviendra une passion, la cuisine. A l'aide d'un vieux réchaud et avec de vieilles casseroles prêtées par la mère, lui et Alexandre invitent les petits paysans des alentours à goûter la soupe d'artichauts. Jean Médecin lui avait raconté qu'à son âge il avait inventé une soupe, justement celle aux artichauts ; scrupuleux, Jacques appliqua la recette et osa même une fois convier son père à la goûter : devant sa grimace, il ne s'y aventura plus. Les enfants, eux, malgré le goût de fumée et de brûlé, s'en régalent.

« *J'ai vécu la vie simple des enfants de l'époque, les jouets nous n'en avions pas, sinon à la Noël quelques wagons de plus pour notre train électrique. Mais un train électrique, c'était déjà un jouet fameux, les petits paysans n'en avaient jamais vu. Nous étions toujours sept ou huit autour de ce train dans une pièce que mes parents avaient aménagée en salle de jeux. Ils ne nous la cédaient que si nous jouions au train ; alors, comme mon frère et moi avions la passion des soldats de plomb, nous placions les soldats sur les wagons. Le train et les soldats, ce furent les seuls vrais jouets de mon enfance mais nous en inventions, comme ces caisses à savons que l'on munissait de roulettes, des sortes de roulements à bille, que l'on trouvait aux ateliers municipaux, il y en avait tant qu'on pouvait les chiper. Une fois nos caisses équipées, nous nous installions dedans comme dans des carrioles et nous dévalions la rue Rossetti dans la vieille ville, à fond de train. Puis, un beau jour, j'ai eu droit à mon premier vélo, ce fut une date importante dans ma vie. Au printemps, le matin, je descendais à bicyclette au lycée, le soir on la montait sur le porte-bagages de l'autocar qui me ramenait à Gairaut. J'étais fou de vélo. L'été, je partais de l'aire Saint-Michel (Gairaut) pour aller chercher le pain à Falicon, je ramenais le pain, je repartais à Rimiez chercher les ravioli, je faisais du vélo utilitaire. L'après-midi, je m'imaginais courir le tour de France à moi tout seul, j'accomplissais un circuit assez difficile : je montais jusqu'à Aspremont, d'Aspremont à Saint-Blaise ; de Saint-Blaise, je descendais sur Levens et de Levens, retour sur Nice. J'arrivais à la maison épuisé. Le dimanche, parce qu'il fallait bien occuper les dimanches, mes parents m'avaient mis chez les scouts. J'ai suivi toute la chaîne, louveteau, scout, routier. Ce qui me plaisait aux scouts, c'étaut qu'on y apprenait les choses de la vie : faire un pansement, construire une cabane, et même la cuisine, nous faisions vraiment la cuisine pour la patrouille voire même la troupe entière, on s'initiait au morse au sémaphore. Mon totem de routier fut " Ecureuil dégourdi ", pas très brillant mais enfin. Ecureuil parce que j'adorais grimper aux arbres. Une fois, au camp des Launes du côté de Beuil, en pleine forêt, nous devions tendre une embuscade, j'ai grimpé à un pommier et là j'ai eu une idée, les autres ont fait comme moi, nous avons tous grimpé dans l'arbre et avec des branches, des cordes, des clous, on a réalisé une plate-forme et dessus une hutte que l'on a camouflée. C'était en 1938 ou 1939. Après-guerre, en 1946, je suis retourné au camp, j'ai retrouvé l'arbre et, dans l'arbre, la plate-forme avec la hutte. Il y avait eu la guerre, des millions de morts et cette sacrée hutte était toujours là. Peut-être s'y trouve t-elle encore ?*

« J'ai toujours mené une vie très collective, pas du tout comme les enfants de la haute société de l'époque, avec deux ou trois copains triés sur le volet. Mon enfance, je l'ai passée avec les enfants de paysans, c'est grâce à eux si je parle le niçois, j'ai vécu avec des garçons qui étaient moins nantis par la vie que je ne l'étais. Dès l'enfance, j'ai réalisé mon bonheur d'être un privilégié sans pour autant me sentir coupable. En ce temps-là, il existait de la solidarité, une certaine fraternité entre tous les individus, toutes les classes, tous les niveaux sociaux. Mon père n'aurait pas toléré qu'on achète de la viande pour le patron et que les domestiques se contentent de polenta. Pendant toute mon enfance et ma jeunesse, je n'ai jamais vu le chauffeur de mon père manger à une autre table que la nôtre. J'ai été élevé dans le respect des paysans, des métayers, des chauffeurs, des domestiques, il ne me serait pas venu à l'esprit qu'il

puisse exister des classes inférieures et des classes supérieures. Ce qui m'amenait, quand je voyais des gens malheureux, à me dire qu'ils étaient victimes de mauvais patrons, d'un sort contraire et qu'en conséquence il fallait les aider mais, comme mon père le disait, non pas leur faire la charité, mais leur trouver du travail. Ma mère était (elle l'est toujours) très catholique, pas bigote mais ferme sur les principes, elle nous enseignait le respect d'autrui, la tolérance, la charité, la morale en général. Elle tenait beaucoup à ce que nous allions à l'église, j'y allais comme scout aussi, on en retirait ce qu'on voulait, moi j'en ai retenu les lois du Décalogue qui sont à l'origine des Droits de l'Homme et du Citoyen. »

HÉLÈNE BARALE dont tous les Niçois amateurs de *socca* et de pissaladière connaissent l'adresse rue Beaumont, pas très loin de la place Arson, le sanctuaire des boules, se souvient de ces années où il n'existait pas encore de semaines de quarante heures, ni de télévision, ni de congés payés, et où les femmes n'avaient pas le droit de vote, une France où le XIXe siècle perdurait, refusant une mort douce et naturelle, aveugle aux bouleversements et aux furies futurs d'un XXe siècle casqué et botté, avide de rattraper le temps perdu. Hélène, elle le revoit, le pichoun, avec sa bicyclette, ses pantalons courts : Jacquou ! Parfois, lors des grands concours de boules, le dimanche, il accompagnait son père pour la remise des prix. Oui, une ville tranquille, arrimée à ses traditions, ses rites, une ville qui avançait à petits pas, languissante sous le soleil, une ville où l'on pouvait sortir le soir sans crainte de se faire attaquer, une ville d'ordre.

Ville pauvre, malgré les apparences mais sans misère, ville honnête, travailleuse, sans tapage. Hélène se souvient.

« Je suis née ici, rue Beaumont. A l'époque, c'était un café-épicerie-bazar, on vendait du charbon, du pétrole, de la mercerie, de la droguerie, bah ! il n'existait qu'une seule marque de lessive... A la Noël, les mères venaient passer commande, le jouet du petit, oh ! pas grand-chose, des soldats en carton que l'on découpait, une toupie, des petites poupées, des billes. Maman, elle notait tout, bien soigneusement, que le pichoun surtout ne se doute de rien. A l'époque, on croyait au Père Noël. Maman, elle enveloppait chaque jouet avec soin. Mais pour nous les filles, le plus beau des cadeaux c'était quand on nous permettait de nous rendre sur la Promenade des Anglais. Je ferme les yeux et encore aujourd'hui je les revois, ces belles femmes avec leurs ombrelles, leurs grands chapeaux, monter sur des chevaux. En fin d'après-midi, on revenait dans le quartier, nous étions heureuses, pas jalouses, que non ! heureuses... Rue Smolett, rue Beaumont, tout ça aujourd'hui c'est à deux pas de la Promenade mais en ce temps-là entre la Promenade et ici on changeait de siècle. Rue Smolett, il y avait encore des fermes en 1935, avec des vaches et des ânes. Rue Beaumont, c'était plein de remises pour les chevaux, ceux qui livraient la bière Rubens que l'on fabriquait tout à côté.

« Pour les Niçois, le Carnaval était sacré, surtout l'arrivée. Moi je travaillais encore plus que d'habitude, je maquillais les hommes, je les aidais à enfiler les grosses têtes. Au corso, je n'avais pas le temps d'y aller, de toute façon maman me l'aurait interdit !

« Le Niçois de ces années-là, je parle d'avant la guerre, qu'est-ce qu'il faisait ? Un peu de pêche, les cartes, les boules, la *moura*, ce jeu italien qui se joue avec les mains, et puis il travaillait... Il travaillait beaucoup. Alors, le soir, la détente, surtout pour fuir la maison où tout le monde vivait les uns sur les autres, belle-mère comprise, il venait au bistrot. Une fois la soupe avalée, hop, il descendait rejoindre les copains, c'était ça la vie. Monsieur Jean *lou mera* [le maire], je l'ai connu place Arson pour les concours de boules organisés par *L'Eclaireur*. Il était d'une distinction !... Une fois j'ai été choisie pour lancer le *bouchin* [le cochonnet]. Il était là, lui, grand, impassible, souriant.

" *Tremoula un pau* ", je tremblais un peu. Diable, c'était *lou mera !* Après, je l'ai revu chez moi, il venait aux banquets, des fois rien qu'à l'apéritif, ou alors au café, il faisait son discours puis il partait, deux mots et tout le monde était sous le charme. C'était un monsieur. Il impressionnait... Jacques, pas du tout, je l'aimais comme un fils, un jeune frère. Peut-être parce que je l'avais connu en culottes courtes allez savoir ! »

Liberté de jeux, liberté de fréquentations, respect scrupuleux de la tradition niçoise, Jacques passe du festin des Cougourdons à celui des Ormeaux, de la fête de la Saint-Pierre aux feux de la Saint-Jean. Pour la Noël, le cérémonial est suivi jusque dans ses moindres détails. Le 24 au soir, dans la propriété de Gairaut la famille entière se prépare pour la messe non sans avoir auparavant dégusté le repas maigre, celui aux treize desserts. On commençait par les cardons que l'on trempait dans une sauce à l'anchois, puis venait le poisson servi froid avec une mayonnaise à l'huile d'olive, un peu de fromage et enfin les desserts servis toujours en nombre impair : sept, treize, quinze, jamais moins de sept... Raisins secs, noix, noisettes, nougats, mandarines, oranges, dattes, tourtes de blettes, flans... Les enfants bourrés de cardons et de desserts fermaient les yeux avant même de prendre la route de la petite église. Avant de partir, Jean accomplissait le geste rituel du *cacha-fuèc* (on recouvrait les flammes de cendres). Au retour, ceux qui y croyaient et ceux qui n'y croyaient plus plaçaient leurs chaussures devant la cheminée où le feu couvait lentement. Jusqu'en 1935, année de la vente de l'hôtel, le déjeuner du jour de Noël se déroulait dans la somptueuse salle à manger du grand-père Guillaume Meyer. Là, Jacques ébloui découvre le sapin illuminé, constellé, ce sapin venu des pays du nord et que les Niçois n'avaient pas encore adopté. Il goûte au saumon fumé, au caviar et surtout à la dinde, la dinde dont on devait la révélation aux touristes américains. Repas extraordinaire et exotique qui se terminait à trois heures de l'après-midi.

« *A Nice si certaines traditions ont survécu, résisté aux mille courants du monde entier qui nous ont traversés, c'est peut-être un réflexe de défense, ne pas être dilué dans l'anonymat. A commencer par Carnaval. Je me souviens dans mon quartier, à l'aire Saint-Michel, les gars partaient dès le matin dans trois ou quatre camionnettes, trente dans chaque véhicule, serrés comme des anchois. Le soir, lorsqu'ils remontaient, ils n'étaient plus qu'une quinzaine, le reste s'était perdu dans la ville à la recherche des filles. Le Carnaval, c'était d'abord ça, un pince-fesse colossal. Les types à deux ou trois heures du matin, avec quelques litres de vin dans le gosier, se jetaient sur les filles restées sur le corso. Elles aussi étaient venues pour ça... Ceux qui ne trouvaient rien se rabattaient sur les bordels à cinq francs, les plus argentés s'offraient le grand luxe avec la passe à quinze francs ! Le dernier jour avait lieu la bataille des confettis en plâtre, c'était quelque chose d'homérique, de fou, de très dangereux. Enfant, j'y assistais depuis le balcon de la mairie, le corso passait rue Saint-François-de-Paule. Plus tard, j'y participais sur un char, j'adorais ça, je n'en ai jamais manqué une jusqu'à ce qu'on les supprime en 1953 ou 1954. On se battait de char à char avec des pelletées de plâtre. Je portais un masque d'escrimeur pour ne pas être blessé aux yeux, une grande blouse blanche et une cagoule. C'était du sérieux. Je me souviens avec émotion de ces Carnavals d'avant-guerre, des batailles de fleurs. Il en existait une réservée aux enfants : je me revois encore sur un char, habillé de jaune des pieds à la tête, avec un capuchon jaune lui aussi, à l'intérieur de ce qui devait symboliser un nid de poussin. Je me souviens aussi d'une autre bataille quai des Etats-Unis, j'avais un bouquet à la main et, en voulant le lancer, je l'ai laissé tomber dans la loge d'à côté ; là, il y avait un monsieur assis, tout seul, grand, maigre, austère et dans le fond de la loge quatre ou cinq personnes sinistres qui semblaient le surveiller comme s'il s'agissait d'un objet rare, d'un bijou précieux. Je me suis penché vers le monsieur et je lui ai demandé : “ Tu pourrais pas me ramasser mon bouquet, s'il te plaît ?" L'homme ramassa le bouquet et me dit : « Tu es un garçon bien élevé, qui es-tu ? » J'ai répondu : « Je m'appelle Jacques Médecin. — Ah bon, tu es le fils de Jean ! — Oui, monsieur. — Eh bien, tu donneras à ton père le bon souvenir de la part de Sa Majesté Gustave V le roi de Suède. »*

Festins, Carnaval et folklore, on pourrait croire Nice absente de l'histoire. Peut-être effectivement de sa part existe-t-il une volonté souterraine de s'en tenir à l'écart. Nice la conservatrice, la frileuse, craint les chambardements, oubliant qu'il existe loin de la plage mais entre ses murs malgré tout une population guère revendicatrice en général, souvent inorganisée, loin des centres de luttes sociales, mais qui à l'occasion clame son besoin de s'exprimer. Danser à la fête des Mai n'empêche pas de posséder une conscience de classe. L'affrontement sera peut-être moins violent, il mettra plus de temps pour exploser, n'empêche, un air de rigodon n'effacera jamais la crauté de certains conflits.

En 1932, Jean Médecin avait été élu député de la première circonscription des Alpes-Maritimes. En aucune façon pour briller au Parlement mais parce qu'il lui apparaissait que les intérêts de Nice comme de toutes les grandes villes de France se jouaient dans la capitale. Le jeu des alliances, des partis, la conquête du gouvernement ne l'intéressaient pas.

Comment se situait-il sur l'échiquier politique de l'époque ? Disons modéré et indépendant. Indépendant, il le proclame : « J'entends agir en toute indépendance avec le seul désir de travailler à la prospérité et au développement du pays. » Conscient que son action au sein du Parlement ne peut être que marginale, il refuse de s'allier avec tel ou tel clan. Toute sa vie politique, Jean Médecin sera le député sans étiquette, s'apparentant parfois, ne se liant jamais. Aussi, quand arrivent les élections de 1936 qui devaient accoucher du Front populaire, Jean de Nice réussit l'exploit d'être soutenu par *Le Petit Niçois* qui fait campagne pour Virgile Barel le communiste et par *L'Eclaireur* qui ne cache pas ses sympathies pour l'Italie de Mussolini ! Médecin est réélu au premier tour, *Le Petit Niçois* écrit : « Nous le félicitons de son triomphe non sans oublier que c'est du *Petit Niçois* qu'a pris essor sa prestigieuse ascension avec l'appui de nos amis politiques. Il ne l'oublie point, pas plus que nous ne l'oublierons jamais. » Compliment en forme d'avertissement qui arrive bien trop tard, Jean Médecin n'a plus besoin de personne, pas même du *Petit Niçois,* de celui qui est devenu son ami Paul Bermont.

Entre les deux tours, Médecin soutient tout naturellement les candidats de sa famille politique tout en sachant pertinemment que rien n'évitera aux Alpes-Maritimes la victoire du Front populaire, comme partout en France. Dès lors, le maire de Nice envisage qu'il faudra prendre en compte et travailler avec des hommes de gauche. Son pragmatisme s'en accommode, même si ses conceptions idéologiques doivent être bousculées. Le sont-elles d'ailleurs tellement ? Médecin ne se sent aucune affinité avec la droite : conservateur oui, homme d'ordre certainement, pas plus. Conservateur à la niçoise, autrement dit volonté de ne pas détruire un équilibre social et éthique qui lui paraît fonctionner parfaitement, homme d'ordre tout simplement parce que dans l'anarchie on n'accomplit rien de bon. Les théories, les idéologies, d'où qu'elles viennent, relèvent de jeux néfastes et dangereux. Chez lui la modération et le libéralisme s'entendent au sens littéral des deux termes. La politique se vit au jour le jour, sur le tas, sans éclat, sans fanfares, sans ostentation. Ce qui le trouble dans le triomphe du Front populaire, c'est son côté grande messe, révolution d'Octobre à chaque coin de rue. Tel cet énorme défilé qui le soir de la victoire électorale prend naissance devant *Le Petit Niçois* rue Pastorelli et ruisselle jusque devant les vitrines du concurrent vaincu *L'Eclaireur,* avenue de la Gare, avec en tête du cortège Virgile Barel hissé sur les épaules des militants. La foule entonne *L'Internationale.* Nice voit rouge, Nice est rouge. Sans bien comprendre comment un tel cataclysme a pu se produire, le département se réveille le lendemain matin avec deux députés communistes élus. Dès lors, une peur sourde s'installe et, même s'il ne se passe rien, c'est d'autant plus inquiétant, chuchote toute une population traditionnelle, amoureuse des valeurs morales. Qui a voté à gauche ? Les ouvriers, les fonctionnaires, les instituteurs bien entendu, voire des petits commerçants. Quand les grèves éclatent à Paris et dans le Nord il faudra plus d'une semaine pour qu'elles gagnent la Côte d'Azur, tout d'abord dans les rares usines, puis peu à peu dans les services publics et, événement inouï, dans les grands magasins comme les Galeries Lafayette. Nice paralysée : cette fois-ci, le particularisme n'a pas joué, le sentiment revendicatif national l'a emporté. Les petites vendeuses, les coiffeuses, les couturières, toute cette main-d'œuvre féminine exploitée découvre le charme de la solidarité, des meetings sous le soleil qui se terminent par un air d'accordéon. Sidéré, le patronat niçois fait le gros dos. Les épargnants, la masse petite-bourgeoise, qui constituent la colonne vertébrale de la ville, tous ceux qui ont un petit quelque chose, presque rien mais un rien auquel on tient par-dessus tout, tremblent. Dès cet instant, nombre de Niçois se sentent aspirés, fascinés par une alternative plus musclée : la voie est ouverte aux Croix-de-Feu et autres ligues d'extrême droite. Aucune alliance idéologique dans ce ralliement, juste la peur, la peur de l'inconnu, la peur de l'hydre révolutionnaire. Ce qui était acceptable ailleurs, loin, au froid, est inconcevable ici, au pays du sourire, comme disent les affiches. La réaction n'en sera que plus forte et durable.

Ces incidences de la politique nationale sur le plan local troublent Jean Médecin. Pour lui, aucun doute, les responsables en sont en premier lieu les partis poilitiques : « La République doit être soustraite au discrédit des mœurs parlementaires et à l'impuissance gouvernementale. » C'est par cette phrase qu'il avait conclu sa campagne d'avril 1936 ; les événements de juin ne font que le confirmer dans l'idée que la gangrène a définitivement gagné le personnel politique parisien et ceux qui en profitent. Cet antiparlementarisme ne le mène pas aux extrêmes mais le fait tout de même fléchir un moment. Le pays a besoin d'une grande stabilité gouvernementale, l'ennemi est le communisme mais tout autant le grand capitalisme. Un homme alors traduit à l'échelon national les préoccupations de Médecin, un homme issu du peuple tout comme lui, exclu du parti communiste, prônant une droite populaire aux antipodes de la droit classique, réactionnaire : Jacques Doriot. Une droite sans les tabous de classe de la droite, une droite « propre ». Médecin est séduit. Au Front populaire, aux communistes et aux socialistes, il faut opposer autre chose que la droite vermoulue issue de la grande bourgeoisie. Le PPF (Parti populaire français) de Doriot peut se révéler une alternative intéressante. Le 20 juin 1936, Médecin figure parmi les invités du rendez-vous de Saint-Denis où Doriot reçoit sympathisants, amis et curieux bienveillants. Le maire de Nice fait partie de cette dernière catégorie. Avec Jacques Doriot, l'homme, il s'entend bien, il apprécie ses dons d'orateur, la force de ses convictions. De retour à Nice, il accorde sinon son appui, du moins ses encouragements au lancement du PPF dans les Alpes-Maritimes.

L'idylle durera quatre petits mois, pas plus. Dès

septembre, Médecin prend ses distances avec le PPF. Flair politique, prescience des événements, ou plus simplement écoute sensible d'un département et d'une ville autant apeurés par le Front populaire que par ce renégat communiste propagateur d'une sorte de fascisme à la française ? Toujours est-il que la rupture devient évidente lorsque Médecin refuse de participer au grand meeting du Palais des Fêtes le 31 octobre, au cours duquel Doriot doit prendre la parole. Dès la fin de l'après-midi, les communistes occupent toutes les rues menant au Palais des Fêtes. Les sympathisants du PPF empêchés de passer se ruent sur le service d'ordre communiste, les heurts deviennent de plus en plus violents, tandis qu'à l'intérieur Doriot prend la parole devant les huit mille personnes qui ont échappé aux barrages. Le service d'ordre intérieur est assuré par un entrepreneur en déménagement, héros de la guerre de 14-18, militant de la première heure, Joseph Darnand. Dehors la bagarre fait rage, les cordons de police à cheval chargent à la matraque. On relèvera trois cents blessés, deux d'entre eux mourront à l'hôpital. La prudence du maire de Nice a joué pleinement son rôle de garde-fou. Médecin sur l'estrade, et sa carrière politique était finie... Or le roi de Nice n'a pas attendu cette soirée terrible pour s'écarter du PPF. Il retrouve son équilibre perturbé le temps d'un coup de folie.

Le roi Jean avait failli pécher. Légèrement frissonnant mais la tête haute il rentrait au bercail du raisonnable. Il ne le quittera plus. Cela ne l'empêche pas de continuer d'être hostile à la gauche triomphante et conquérante des premiers mois de 1937 :

« Le drapeau tricolore est devenu une simple garniture du drapeau rouge », lance-t-il et d'ajouter : « Le Front populaire, élu des mécontents dont les lois sociales mal appliquées vont conduire au chômage et à la ruine. »

Jusqu'à la fin des années trente et à la déclaration de guerre, Jacques entend parler des événements politiques municipaux, régionaux, nationaux, internationaux. On en parle à table le dimanche, on en parle le soir, on en parle tout le temps. Il ne comprend pas tout mais il retient tout. Dans son esprit se créent d'étranges assemblages où se mêlent les luttes ouvrières françaises et la guerre d'Espagne, Doriot, Mussolini et Staline. Trop jeune pour analyser, il ingurgite des pans entiers d'histoire qui viennent bousculer les héros des illustrés qu'il lit dans la journée. Ces personnages de l'actualité, « inventés » plus que connus, vont l'habiter dans une sorte de fantasmagorie romanesque. Cet étrange humus où le jeune esprit trouve de quoi alimenter sa soif de connaissance et de découverte l'imprégnera la vie entière. Insensiblement, les maîtres du temps et leur légende dorée ou néfaste vont faire partie d'une sorte d'Olympe personnel où l'objectivité n'a plus de place. Le mythe foudroie l'esprit juvénile, le nourrit, l'emporte, lui fait rendre évidentes et belles toutes sortes de passions, les plus innocentes comme les plus sulfureuses. Sur un caractère rêveur et velléitaire, ces imprégnations ne feraient que glisser en surface, vagues impressions d'enfance, maelström flou ; chez Jacques, esprit cartésien et volontariste, elles s'enracinent, fondations d'une culture hétéroclite et baroque où le subjectif et l'imaginaire ont plus de vérité et de poids que la réalité et les faits eux-mêmes.

« *Mon père lisait beaucoup de quotidiens ; à l'époque, les journaux étaient des journaux d'opinion ; aujourd'hui, c'est devenu de la bouillie pour les chats, ils se ressemblent tous. Il lisait pour se former une opinion :* L'Echo de Paris, L'Intransigeant, Le Matin, Le Cri, *etc. Moi, je ne les lisais pas vraiment, mais j'entendais mon père en parler, alors, même sans comprendre, tout cela s'est imprimé sur ma bande magnétique personnelle, puis au fil des ans ma mémoire m'a tout restitué. Il n'y a pas de doute, c'est un mécanisme qui me vient de l'enfance. En revanche, je dévorais* L'Illustration *qui était un peu le* Paris-Match *de l'époque mais en beaucoup plus profond. C'est dans* L'Illustration *que j'ai suivi toute la guerre d'Espagne ; pour moi, c'a été une chose extraordinaire, je l'ai vécue de 1936 à 1939 quasiment en direct. Plus tard, j'ai lu tous les livres écrits sur le sujet aussi bien en français qu'en anglais. Pendant la guerre même, mon cœur ne penchait ni d'un côté ni de l'autre, j'étais animé par l'esprit d'aventure, terrifié aussi parce que les enfants ont besoin d'effroi. Ce qui m'impressionnait le plus, c'était le fait qu'il s'agissait d'une guerre fratricide. Et puis, il y avait les tortures pratiquées d'un côté comme de l'autre, dans* L'Illustration *les photos montraient des cadavres mutilés, horribles. Il y a quelques années j'ai retrouvé quelques-uns de ces numéros, j'ai pu me rendre compte à la lumière de tout ce que j'avais lu entre-temps que* L'Illustration *traitait objectivement le sujet.*

« *J'adorais lire, je me mettais dans un coin, recroquevillé, et comme c'était le seul moment où je ne faisais pas de bêtises mes parents m'encourageaient. Les bandes dessinées, qu'on appelait à l'époque des illustrés, mais aussi toute la collection verte : Fenimore Cooper, Jack London, Jules Verne ; lui, je l'ai lu et relu plusieurs fois. Un jour à la campagne, autrement dit à Gairaut, mais pour moi c'était la campagne, ma mère avait fait du rangement ; je me suis retrouvé devant une bibliothèque où il ne restait que les œuvres de la comtesse de Ségur :* Un bon petit diable ; Les Malheurs de Sophie, *j'adorais. Evidemment, il y avait la collection* " *Signes de Piste* " *avec le prince Eric, j'étais transporté par ce genre de littérature. D'ailleurs je le suis toujours. J'aime Conrad, Conrad est un écrivain que l'on a beaucoup négligé alors qu'il est immense. Le cinéma, je n'ai pu y aller qu'à partir de la guerre, jusque-là mon père considérait que tous les films avaient un caractère pernicieux, reposant sur des histoires de fesses, et que j'avais bien le temps d'avoir ce genre de révélation. Il avait tort, le sexe, les femmes, les gosses de mon âge, on n'avait pas besoin du cinéma pour être titillés. On était avides de savoir ce qui se passait dans les bordels, les plus grands nous disaient que derrière ces murs des filles faisaient des choses aux garçons ! Et puis, nous allions sur la plage et là on se tordait le cou pour apercevoir un petit bout de sein ou de cuisse. Quand une femme montait dans un autobus, on se pliait en quatre pour tenter d'apercevoir sa petite culotte. On a tous été comme ça, tous les enfants étaient comme ça. J'étais un gosse travaillé par le sexe, je le reconnais, j'ai toujours été très intéressé par les femmes, d'une façon tout à fait sexuelle et ceci tout môme. Je me souviens d'être resté figé devant l'affiche du film* Copacabana *où l'on voyait une fille avec un décolleté prodigieux. Mais dès que j'ai pu aller au cinéma, ce qui m'a passionné ce sont les films d'aventures, pas du tout les histoires d'amour. J'étais fasciné par* Robin des Bois, Les Trois Lanciers du Bengale, *tous les films avec Errol Flynn, Gary Cooper, les westerns. Mais finalement j'allais très peu au cinéma, peut-être une fois par mois. L'été, il y avait un type qui organisait des séances dans un café de l'aire Saint-Michel, c'est là que j'ai découvert Mickey Rooney, Judy Garland ; c'était extraordinaire la présence de l'Amérique au milieu des joueurs de belote avec l'odeur des foins et des champs tout à côté. Des films qui faisaient rêver...* »

Mémoire des héros de papier, mémoire des visages de celluloïd, mémoires des dits du père, amalgame transmué, déformé, ou magnifié, Jacques constitue son grenier à souvenirs.

Jean Icart, conseiller général, imprimeur, qui fut adjoint au maire pendant quelques années, évoque ce trait particulier de caractère de Jacques Médecin :

« Jacques possédait des dons oratoires étonnants et savait conquérir un auditoire en quelques instants. Parfois cependant, après quelques minutes, les digressions et les circonvolutions s'accumulaient, il se perdait et nous perdait en cours de route. Lors de la première réunion pour les élections municipales de 1983, il avait été superbe, faisant bien attention à ne pas rompre le fil, à relancer l'attention. A la sortie, je l'ai félicité.

— Je sais à qui tu as pensé, m'a-t-il dit.
— Ah bon !
— Oui, oui... Je te le dirai demain.
« Le lendemain dès que je l'aperçois je l'interpelle.
— Alors, Jacques, à qui je pensais hier au soir ?
— A Doriot bien sûr.
— Ah ! désolé, mais je ne l'ai jamais entendu.
Le plus drôle, c'est que lui non plus. »

JUILLET et août 1939 ont été magnifiques pour les hôteliers de la Côte, la saison d'été a définitivement pris la relève de celle d'hiver, à Juan-les-Pins on a dansé sur des airs de jazz, tandis qu'au Casino le dîner de gala des vedettes réunissait un plateau hollywoodien avec la présence d'Erich von Stroheim, Sessue Hayakawa, Mireille Balin, Sidney Howard. A Nice, les Arènes de Cimiez abritaient un festival dramatique et lyrique : *Athalie, Le Cid, Prométhée.* Le 22 août, le maréchal Pétain venu en voisin de Villeneuve-Loubet où il passe sa retraite assiste aux bal des Petits Lits blancs ; lui tiennent compagnie Marcel Achard, Charles Boyer, Norma Shearer. Mais l'apothéose de la saison, ce que toute la Côte fiévreuse attend, c'est le premier Festival international du film de Cannes. Les dates en sont fixées depuis longtemps : du 1er au 20 septembre. Jean Gabriel Domergue a dessiné une très belle affiche, une silhouette de jeune femme au dos nu ; à son côté, un homme à moitié caché dont on devine malgré tout le smoking.

Fin août, les stars arrivent à bord d'un grand transatlantique blanc. Tyrone Power tient compagnie à May West, George Raft, beau masque, roule les épaules tandis que timide Gary Cooper se cache. Il fait chaud, la nuit parfume les corps et les âmes, c'est encore le superbe avant-guerre.

Le 1er septembre, Hitler envahit la Pologne, les stars

lèvent l'ancre, en quelques heures les palaces se vident. Le Festival de Cannes est remis à plus tard, à jamais...

A Nice retentissent les clameurs mussoliniennes qui réclament « *Nizza Nostra* ». Ce 1er septembre à 15 h 30, des affiches annonçant la mobilisation générale sont placardées sur tous les murs. La guerre de nouveau avec cette Allemagne assassine. A Strasbourg, Jacques Médecin, âgé de onze ans, passe sa nuit à l'hôtel de la Maison-Rouge, propriété d'un ancien concierge de grand-papa Meyer. Jacques revient d'Allemagne. Tout l'été, il a appris la langue, toujours du côté des Meyer, en Westphalie où un grand-oncle lointain l'a accueilli. Arrivé en avril, Jacques a suivi d'abord les cours d'été du lycée de Rheine, la ville ancestrale de la famille Meyer. Doué pour les langues (il en parlera sept), il s'est vite débrouillé avec les déclinaisons de la langue de Goethe. En compagnie de Klaus, le fils de la maison, il a découvert les forêts profondes, le vert des parcs, une nature à l'opposé de celle de la Méditerranée. Il a découvert aussi des enfants à peine plus âgés que lui avec au bras le brassard des Jeunesses hitlériennes. Les deux jeunes garçons ont parcouru la campagne à bicyclette, Jacques revêtu de la petite culotte de peau avec les bretelles, tenue quasi obligatoire pour les garçons. A la radio, dans la rue, partout il entendait les discours dénonçant la ploutocratie, les juifs, le gouvernement français ; on lui a expliqué que la devise de la République, ce n'était pas Liberté Egalité Fraternité mais Manger Boire Dormir. Y a-t-il eu fascination chez cet enfant de onze ans ? Etonnement certainement, étonnement devant un pays aux mœurs si différentes : une nuit en chemin de fer a suffi pour l'emmener sur la lune. Incompréhension aussi envers les critiques féroces que la France suscite. Jacques ne comprend pas. Pris dans le tourbillon, il voit la force de ce pays, sa puissance, son énergie, confusément il ne peut s'empêcher de ressentir une pointe d'envie enfantine. Le garçon du Sud, devant une telle accumulation de comportements contraires à tous ceux qu'on lui inculque depuis toujours, se sent comme devant un film dont on lui interdit la vision, fautif mais troublé.

Jacques a quitté Klaus et son père les larmes aux yeux ; il ne les reverra plus : tous deux mourront sous les bombardements.

Toute la journée du 2 septembre, ce fut le long chemin du retour, dans un compartiment bourré. Jacques s'endormait, se réveillait... Plus il avançait vers le sud, plus sur le quai des gares traversées l'agitation s'amplifiait. En Avignon, un homme s'est effondré sur la banquette : « Vous vous rendez compte, a-t-il dit, il y a vingt ans j'étais dans les tranchées et voilà qu'aujourd'hui ça recommence... »

Jacques est arrivé dans la nuit. A Nice, parmi la foule, son père et sa mère l'attendaient. Partout, des cris, des exclamations : « C'est la guerre, la guerre ! » Il n'en revenait pas, la guerre, la guerre avec ce pays où il laissait tant d'amis, tant de sourires ? Pourquoi ? Il posa des questions, un tas de questions mais on n'avait pas le temps de lui répondre. L'appartement du quai des Etats-Unis était plein de conseillers municipaux aux visages tendus. A deux heures du matin, Jacques se coucha ; il n'arrivait pas à se faire à l'idée que désormais Klaus, le père de Klaus, et tous les Allemands qu'il avait connus là-bas étaient devenus des ennemis, des gens qu'il fallait tuer. Jacques pleura. De rage et de tristesse.

« *Je suis rentré au lycée Masséna le 1er octobre comme d'habitude. Avec les copains nous n'avions qu'une seule préoccupation : la guerre ; on la commentait d'autant mieux qu'on nous faisait participer à des exercices de défense passive. Des exercices qui tenaient plus du film comique que du sérieux exigé par la situation. L'alerte était donnée par une cloche au tempo modulé signifiant qu'on devait descendre dans les caves. Sous la cour du lycée*

Masséna, se trouvait un réseau de souterrains qui devait dater de 14-18. On avançait là-dedans dans le noir le plus complet, avec des lampes-torche à la main. Au bout de cinq minutes, c'était un chahut gigantesque. Pendant les cours, la situation ne valait guère mieux : les professeurs habituels avaient été mobilisés et remplacés par des profs à la retraite complètement dépassés, incapables de faire régner la discipline. La grande mode consistait à fabriquer à l'aide de papiers découpés des parachutistes allemands que l'on accrochait avec un cheveu à une boule de buvard. On jetait la boule au plafond, le parachute redescendait lentement sur la tête du prof. Et nous de crier : " Attention ! La cinquième colonne ! " Il faut dire qu'à la radio on nous rabattait les oreilles avec toutes ces histoires d'espions, de parachutistes largués derrière nos lignes. Nous étions tous enflammés à l'idée de défendre la France. Nous jouions à la guerre, on avait le temps à cause des trous dans le programme dus à l'absence des profs. De temps en temps, on en voyait arriver avec des bandes molletières, en uniforme d'officier, ils apparaissaient et disparaissaient. Nous travaillions un minimum. Chez moi, tous les jours, mon père commentait la drôle de guerre qui n'était pas toujours drôle d'ailleurs, comme la fois où il nous apprit la mort du lieutenant Agnely commandant le corps franc du 24e BCA, le courage de Joseph Darnand qui avait traversé les lignes allemandes pour aller chercher le corps de son camarade et le ramener à dos d'homme. Je revois la photo de Darnand, le héros de la semaine, à la une de Match. *J'étais en classe avec son fils Philippe. Pour nous tous, il est devenu une vedette, on l'admirait d'avoir un père si courageux.*

« Arriva le printemps 1940, les jours terribles de mai, la débâcle de l'armée française, la victoire de ces Allemands que soudain je n'aimais plus. J'en voulais même à Klaus que je soupçonnais de vouloir envahir mon pays, la France, Nice. Alors je me suis mis à haïr ces gigantesques défilés, ces millions de croix gammées, les torches brandies dans la nuit, tout ce qui avait tant impressionné mes yeux d'enfant curieux. Et puis, un jour, ce fut le coup de poignard dans le dos de Mussolini, les Italiens attaquaient du côté de

Menton ! Les lignes françaises ont bien résisté, à tel point que sans l'armistice, ils perdaient la bataille. La bande de territoire qu'ils ont obtenue, c'est un cadeau de Hitler, une victoire sur le papier, pas avec les armes. J'entends encore Pétain à la radio, annonçant : " Je me suis adressé cette nuit à l'adversaire je lui ai demandé de signer un armistice dans l'honneur et la dignité. " Ce fut un soulagement pour tous, il faut être honnête ; à ce moment-là, à Nice, il y avait cent pour cent de pétainistes. La population pensait : " Arrêtons le massacre il est inutile de continuer à nous battre. " J'ai été témoin de cette unanimité. »

Jean Médecin, le 10 juillet 1940, vota les pleins pouvoirs à Philippe Pétain, tout comme ses éminents collègues régionaux le député et ancien ministre Léon Baréty, le sénateur Dreyfus et cinq cent soixante-neuf autres respectables parlementaires aujourd'hui encore honorés et estimés comme MM. Pinay, Robert Schuman et René Coty. Pourtant, ce vote prit dans la carrière du maire allure de péché. Les divers noms que l'on vient de citer sont ceux de personnalités dont on n'a jamais mis en cause l'honneur, il n'en fut pas de même pour Médecin. A la Libération, ce fut le plus sûr moyen pour ses adversaires d'abattre le roi. Aucun souverain en effet ne peut résister à l'infamie. Médecin pourtant surmonta le déshonneur. Mais y avait-il eu déshonneur ? En 1940, Jean Médecin, sénateur-maire inamovible, ancien combattant de Verdun, méfiant envers les subterfuges du parlementarisme, amoureux des traditions du terroir, partisan de l'ordre, pouvait-il logiquement être autre chose que pétainiste ? De surcroît, le Maréchal, en signant l'armistice, sauvait Nice du danger italien. Durant toute cette période, les azuréens n'eurent qu'une crainte : l'annexion mussolinienne ! Les Allemands étaient loin ; les Chemises noires, elles, à une poignée de kilomètres. Et puis, pourquoi le nier ? une large partie de la population, conservatrice, forcément se reconnaissait dans ce vieux maréchal vainqueur de Verdun, prônant le retour des valeurs, de la famille, de la terre.

Médecin n'est pas un fanatique, son caractère le porte peu vers les emportements. Simplement, il respecte chez le Maréchal le pragmatisme d'un homme sauvant ce qu'il peut sauver de la tourmente. Nous sommes en 1940, ne l'oublions pas, le Pétain de l'époque a encore les mains propres. L'honneur et le pétainisme sont affaires de calendrier. L'histoire officielle, revue de manière abusive, a eu trop tendance à simplifier et à occulter les dates. Juin, juillet 1940 : la France tente d'oublier la défaite dans l'héroïsme des belles phrases. Il faut donner de l'espoir, de l'espoir à tout prix. L'évêque de Nice, Mgr Remond, lui-même ancien combattant, forte tête, grande gueule, donne à profusion dans le lyrisme patriotique : « ... Nous avons un chef que nous vénérons, groupons-nous autour de lui. Heureux les morts qui ont fait le suprême sacrifice dans l'enthousiasme, mais puisque nous devons supporter l'épreuve, vivons pour le pays et non pour nous. [...] N'oubliez jamais que nous sommes Français et chrétiens et que le monde compte sur nous et fonde ses espérances spirituelles. »

Jean Médecin lui aussi s'adresse à la population mais dans un registre plus réservé : « Les raisons qui ont déterminé le gouvernement à accepter les dures conditions qui nous sont imposées ne doivent faire l'objet d'aucune discussion publique, d'aucun commentaire inutile et susceptible de nous diviser. Nous aurons assez à faire, restons unis en pensées et en faits pour supporter les privations et les épreuves qui nous attendent et pour mieux assurer ainsi le redressement du pays. »

Pas de grands mots, une mise en évidence des nécessités les plus matérielles, le maire sait bien qu'une fois envolées les proclamations solennelles, il restera le souci de se nourrir, de se vêtir, d'avoir chaud. En août 1940, les cartes d'alimentation font leur apparition ; on commence par rationner le pain, les pâtes, le sucre, le riz, le café, la margarine. En septembre, c'est au tour du beurre, du fromage, des œufs, de la viande. En octobre, le lait ! Nice, ville du bout de la France, où la majorité des denrées doivent être importées, a faim. En 1941, la ration de viande pour une semaine sera de deux cent cinquante grammes. Les queues s'allongent devant des épiceries souvent vides, le marché noir s'installe ici plus vite qu'ailleurs. Quand on pense que les pâtes fraîches sont interdites à partir de février 1941 !... Se nourrir devient la préoccupation primordiale des Niçois.

Pendant toute cette période, Jean Médecin pratique un réalisme sans illusion, accentuant les caractéristiques ancestrales du Niçois, où dominent prudence et talent de se faire oublier. Il ne prend aucune position anti ou propétainiste, se calfeutrant, se cachant quasiment dans une neutralité terne peut-être, mais efficace dans le combat quotidien. Un grignotage de chaque instant pour circonvenir les autorités sans se soumettre, obtenir des faveurs sans s'humilier, lutte passive et larvée sans gloire mais déterminante pour une population où chaque quignon de pain arraché, chaque laissez-passer signé, chaque adolescent sauvé de la réquisition signifient autant de victoires.

Silencieusement, le maire assiste à quelques-unes des grandes messes de l'ordre nouveau organisées par Joseph Darnand. Ces défilés rassemblant des foules immenses sont à l'origine du surnom donné en 1941 à Nice de « Fille aînée de la Révolution nationale ». Le 2 mars, ce sont dix mille personnes qui participent au Palais des Fêtes à la constitution des Amis de la Légion ; le 11 mai, pour la fête de Jeanne d'Arc, tous les records sont battus : soixante mille fanatiques et curieux mêlés se rassemblent place Masséna pour la remise du drapeau de la Légion à ses chefs. Tous ces drapeaux, ces commémorations, ces défilés, ces discours enflammés vont faire planer une ombre noire sur Nice. Ombre réveillée de nos jours encore par on ne sait quelle délectation rancunière. Certes, les Niçois furent pétainistes avec foi, ils furent aussi parmi les populations françaises qui cachèrent et aidèrent à soustraire le plus de juifs aux persécutions nazies. En résumé, les Niçois, français depuis à peine quatre-vingts ans, se conduisirent en patriotes. Ils se trompèrent un moment de France, dira-t-on ? Non, c'est la France entière qui s'était trompée. Il y eut des exceptions, protestera-t-on. Ce sont les exceptions qui justifient l'Histoire officielle après coup. D'ailleurs Nice aussi peut se targuer de posséder ses résistants de la première heure, ni plus ni moins qu'ailleurs. Mais ceci est une autre histoire.

Les Médecin ont abandonné l'appartement du quai des Etats-Unis pour se replier sur la propriété de Gairaut ; le jardin d'agrément est transformé en potager, on cultive la salade et la pomme de terre, on élève des poulets et des lapins. De cette production familiale on fait profiter les plus affamés. Cette anecdote peut faire sourire aujourd'hui ; en 1941, certainement pas. La même année les élections municipales qui devaient avoir lieu sont annulées, les maires sont désignés d'office par Vichy. Médecin est confirmé dans ses fonctions. De cette confirmation on a pu déduire son allégeance au régime. En vérité, il ne faut y voir que la décision par Vichy de ne pas déstabiliser un maire estimé et surtout n'ayant jamais pris de position marquée à l'échelle nationale. La royauté locale de Jean Médecin avec en contrepartie son absence de destin national ont eu un double effet : celui de lui permettre encore quelque temps de poursuivre sa tâche et de le marquer du soupçon de collaboration, soupçon qui rejaillira à posteriori sur son fils près de cinquante ans plus tard ! Ce soupçon, alors que l'occupant n'était pas encore à Nice, ne sera pas lavé par le comportement effectif du roi Jean quelque temps plus tard face aux fascistes et aux nazis. Le soupçon convenait trop bien, il arrangeait trop de monde.

Alors que les Allemands envahissent la zone libre en novembre 1942, Mussolini, avec la bénédiction dédaigneuse de Hitler, s'octroie la bande côtière du Sud-Est. Les Italiens sont à Nice ! Ce n'est pas encore l'annexion pure et simple mais cela lui ressemble. L'Italien, le frère ennemi, cet autre trop ressemblant pour qu'on puisse le haïr sans l'aimer un peu.

« *Je me souviens de leur arrivée, je sortais du lycée lorsque je les ai vus venant de la place Garibaldi : ils remontaient vers la place Masséna, certains juchés sur des motocyclettes à side-car avec dessus une mitrailleuse. Ils se sont installés dans le jardin Albert Ier en mettant les armes en position comme s'ils allaient livrer combat. J'étais terrifié.* »

L'occupation pourtant sera clémente, l'armée italienne déjà ne croit plus au rêve grandiose du Duce, et puis, surtout, comment maltraiter une population dont une partie est originaire de la même province, parfois de la même ville ou du même village que vous ? En revanche, ce sont les autorités françaises qui durcissent le ton : la chasse aux juifs est ouverte sous la direction de Vichy. Chasse contrariée, comble d'ironie, par les Italiens qui eux n'ont signé aucune convention raciale avec les Allemands. Chasse à laquelle la population se garde bien de participer ; au contraire, dans sa majorité elle commence à être déçue par le régime qui n'a pas su la protéger de l'invasion italienne. Le préfet de l'époque dans son rapport signale : « Dans l'ensemble il ne faut pas se dissimuler que la très grande majorité de la population n'est pas favorable au gouvernement. Seule la personne du

Maréchal conserve auprès de beaucoup la valeur d'un symbole et apparaît être quelque peu au-dessus de la mêlée. »

Jean Médecin, mais aussi Mgr Remond, prennent leurs distances avec le régime. Les deux hommes participent à la sauvegarde de la communauté juive en organisant des réseaux de fausses cartes d'identité et d'alimentation. Collaboration entre l'évêché et la mairie... collaboration quasi surréaliste de ces deux notables d'une dignité absolue prenant le risque de protéger des imprimeries clandestines. L'évêque et le maire n'ont pas, bien entendu, mis la main à la pâte directement; néanmoins, c'est grâce à eux que de nombreuses vies ont été sauvées comme celle du père de René Cassin, futur prix Nobel de la paix. Le roi se fait rebelle. Aux Allemands qui lui demandent de débaptiser la Promenade des Anglais, il répond : « Faites-le vous-même. » La Promenade des Anglais, « sa marotte » comme il aime à le répéter, sa création! Les Allemands démontent tous les panneaux et les portent à l'hôtel de ville; Jean Médecin refuse de les accepter et les fait mettre au pied de la grande porte où ils resteront jusqu'à la fin des hostilités.

Mais les rapports avec l'occupant italien sont de plus en plus tendus. A leurs exigences le maire ne répond rien, ou par la négative, et parfois il trouve une issue de secours dans la dérision. Cette dérision en demi-teinte a toujours constitué son système de défense préféré. Le jour où le général italien commandant la place de Nice vient le voir dans son bureau pour lui demander l'adresse des loges franc-maçonniques de la ville, il a fait placer les bustes de Masséna et de Garibaldi derrière lui.

— Les loges maçonniques? s'étonne Jean Médecin,

mais ce n'est pas mon domaine, je ne suis pas franc-maçon.

— Peut-être, répond le général, mais en tant que maire vous devez en posséder les adresses.

— Non, demandez à la police.

A cet instant, le regard du général se porte sur les bustes de Masséna et de Garibaldi ; dans un sourire il s'exclame :

— Vous avez là deux grands Italiens !

— Non, deux grands Niçois dont l'un a contribué, c'est juste, à la gloire napoléonienne et l'autre à l'unité italienne.

Le général se lève et cette fois-ci sans un sourire :

— Monsieur le maire, à l'époque Nice était italienne ; ce sont donc deux Italiens.

— Si vous voulez, mon général, deux Italiens, deux grands Italiens, francs-maçons comme vous n'êtes pas sans le savoir.

Le général claque des talons et sort.

La situation se durcit, le sang coule à Nice qui jusque-là avait été épargnée. Juillet 1943 : un attentat à la bombe dans un restaurant fréquenté par les militaires italiens fait un mort et quatre blessés parmi lequels Nino Lamboglia, président de la « Dante Alighieri » et auteur de *Nizza nella storia*. La Milice, la trop fameuse Milice avec sur la scène les portraits de ses parrains Pétain, Laval et Darnand, est portée sur les fonts baptismaux au Casino municipal. Le jeu de Médecin qui consiste à désobéir avec ironie, à entraver les initiatives et les mots d'ordre de l'occupant, devient impossible. En juillet, il est relevé de toutes ses fonctions : « pour refus permanent et renouvelé de collaborer à l'action des autorités occupantes ».

Avant son départ en exil le roi prend congé de ses collaborateurs ; il fait chaud et beau, un bel été qui pourrait être de plage et de bonheur. Jean Médecin est en costume sombre cravaté et boutonné malgré la canicule. Après avoir confié les clés de la maison à son premier adjoint, le docteur Vidal-Revel, il se tourne vers tous les employés rassemblés et d'un ton ferme lance : « A bientôt, les amis. »

« Nous pleurions tous son départ, se souvient Raoul Bosio, de la dactylo aux adjoints. C'était comme si nous n'allions plus jamais le revoir. »

Une île dans les bras du Rhône en Avignon, c'est là que s'installe le monarque déchu, chez un beau-frère vigneron. Avec lui, Amélia et les trois plus jeunes enfants, Jacques, Pierre et Geneviève; Alexandre l'aîné est resté à Nice. Tous les matins, l'ex-maire se rend à la gendarmerie pour faire pointer son carnet de résident surveillé. Les journées sont longues pour celui qui depuis bientôt quinze ans n'a jamais connu une heure de désœuvrement complet. Il s'accroche aux nouvelles, au peu de nouvelles que donnent les journaux et la radio. Il apprend ainsi la capitulation italienne, la mise sous la botte nazie de tout le Sud-Est. Les Allemands sont à Nice avec en tête un certain Alois Brunner, spécialiste de la « solution finale ». Il a fait ses preuves aux Pays-Bas et en Grèce. A Nice, il est chargé de constituer des convois de mille à deux mille juifs destinés au camp de Drancy. La ville est parcourue par les commandos de Brünner, Gestapo et Milice mêlées. Les tractions avant sillonnent les rues et, à chaque visage suspect, deux SS descendent et embarquent le malheureux direction la synagogue de la rue Deloye. Pas de questions inutiles, pas de papiers : une simple vérification physique suffit, les circoncis sont transférés à l'hôtel Excelsior face à la gare PLM où les attendent Brunner et ses convois pour une mort certaine.

Oui, cette fois-ci l'horreur est descendue sur Nice. En Avignon, Médecin accablé doit quitter la Cité des Papes;

les Allemands ont besoin de la petite île pour des raisons militaires. La gendarmerie lui demande de chercher un autre refuge. Ce sera Annot, dans les Basses-Alpes, où un ami met à sa disposition une vieille maison familiale. Et, de nouveau, le pointage tous les matins à la gendarmerie ; et, de nouveau, avec l'automne qui vient, le sentiment terrible de ne servir à rien[1]. Alors le roi téléphone à certains de ses plus fidèles collaborateurs à la mairie, ils vont entreprendre le voyage par le petit train qui mène de Nice à Digne. Ils arrivent les bras chargés de dossiers et, comme si le roi était toujours à son bureau de la rue de l'Hôtel-de-Ville, il se met au travail. Un travail un peu vain dans la tourmente d'alors mais un travail qui le rassure, lui donne l'impression de ne pas être inutile. Sans être dupe, il s'y livre malgré tout avec la délectation de ceux dont le pire ennemi est l'inactivité. Mais ce travail est encore de trop. A Nice, les Allemands apprennent que le roi se mêle des affaires de la ville. L'ordre est donné de l'arrêter. Ordre donné aux miliciens, comme toujours chargés des besognes de basse police.

« *Le 7 juin, le lendemain du débarquement, les miliciens sont arrivés. J'étais en train de pêcher des truites pour améliorer l'ordinaire. On est venu me prévenir que l'on arrêtait papa. J'ai couru jusqu'à la grande place d'Annot. Là, je l'ai vu avec des chaînes aux poignets. Le chef des miliciens se pavanait et puis tout à coup il l'a giflé à toute volée en l'insultant. Oui, j'ai vu cela. Mon père giflé par un malfrat gonflé d'orgueil, paradant sous son uniforme de traître. [Ce que ne dit pas Jacques Médecin, c'est que ce milicien appartenait à une famille niçoise connue. A la Libération, Jean Médecin le sauva du peloton d'exécution, après l'intervention et les supplications du père du scélérat, en refusant de le reconnaître comme l'un de ceux qui l'avaient arrêté.] Puis les miliciens l'ont*

1. Durant cette période et malgré son exil, Jean Médecin se débrouilla malgré tout pour protéger une quinzaine de familles.

embarqué dans une voiture, les poignets toujours attachés. Nous sommes restés quelques jours sans nouvelles. Par la suite, on nous a fait savoir qu'il était incarcéré à Nice, aux Nouvelles Prisons. »

Par la vitre de la voiture de la Milice, Jean Médecin peut à peine apercevoir sa ville, poussiéreuse et sinistre. Ancien maire ou pas, il est jeté dans une immense cellule déjà bourrée de trafiquants du marché noir, toutes sortes de droit commun mêlés à d'autres indésirables, comme lui coupables, voire même seulement soupçonnés de mal penser. Immédiatement, le naturel reprend le dessus, Jean se met à organiser la cellule pour que la vie y soit plus facile. Aux plus anciens, il demande de se priver un peu plus de nourriture pour la donner aux jeunes qui en ont davantage besoin. Les gardiens ont reconnu le maire et même ceux qui ne sont pas de son bord politique lui font passer des nouvelles de sa famille et quelques vivres. Ces petites gentillesses ne peuvent faire oublier au roi qu'il est enfermé au cœur de sa cité et pourtant complètement isolé d'elle.

Puis ce fut l'hiver, l'avance alliée. Quelque part dans un quelconque état-major, un responsable nazi décida de transférer Jean Médecin plus à l'est. On vint le chercher un matin ; de nouveau, les menottes ; de nouveau, la traversée de la ville. On longea le Paillon, le cher fleuve, à sec l'été, tumultueux et débordant au printemps, Jean se pencha pour repérer le clocher de Saint-François là-bas, tout près de la mairie, mais les bâches du camion militaire qui l'emmenait n'étaient pas assez soulevées. Il entraperçut des passants, des Niçois, ses administrés. Comment auraient-ils pu deviner qu'à l'intérieur de ce véhicule banal en temps de guerre se trouvait le maire ? Il pensa que peut-être il ne les verrait jamais plus, ni eux ni tout ce qui avait constitué la trame de son existence, il pensa aux odeurs de thym et de basilic à Gairaut les soirs d'été, il pensa à ces longues soirées de juillet immobiles et douces depuis le commencement du commencement, depuis toute éternité.

Les militaires fermèrent hermétiquement les portes du compartiment, il se retrouva dans le noir et le froid. Il fallait s'asseoir à même le plancher. Les hommes qui comme lui partaient vers ils ne savaient où gardaient le silence. A quoi bon! De temps à autre, l'un d'entre eux offrait une bouffée de cigarette. C'était tout, c'était beaucoup. Jean se sentit sale et perdu. Pour la première fois de sa vie, il ne représentait plus rien, ni roi ni homme. Tout juste un anonyme en transit.

Le voyage prit fin à Belfort, gorgé de brouillard et d'uniforme vert-de-gris. Le fort Hattry ressemblait à tous les forts militaires, massif, sombre et menaçant. Depuis le début de la guerre on avait mis aux fenêtres, à la place du grillage, d'épais barreaux. De forteresse, Hattry était devenue prison. Unique consolation à l'intérieur de ce ventre glacial, Jean partagea sa cellule avec des Niçois dont son ami Charles Buchet, ancien de 14-18 et administrateur de *L'Eclaireur*. Les deux hommes attendaient, attendaient les Russes, les Américains, les Français, bref les alliés, la délivrance. L'hiver n'en finissait plus de mourir. Les alliés seraient vainqueurs, plus personne n'en doutait mais les deux hommes se demandaient s'ils seraient toujours vivants pour célébrer la victoire et retrouver la liberté. Pendant ce temps, les Allemands, dans leur discipline, leurs rites, leurs menaces, continuaient comme si rien jamais n'allait changer, comme s'ils étaient encore là pour cent ans. Au rez-de-chaussée du fort se réunissait le tribunal. Là on jugeait encore, là on condamnait à mort, là on déportait. L'enfer jusqu'à la dernière minute.

Le président du tribunal était un ancien de la Reichswehr, un combattant de Verdun. Croyait-il encore à l'importance de son rôle ? Etait-il fatigué de tant d'horreur ? Quoi qu'il en soit, face à cet autre ancien de Verdun, un souffle d'aménité le parcourut.

— Dans le fond, pourquoi êtes-vous là ? demanda-t-il.

Déconcerté, Jean Médecin retrouva instantanément sa ruse naturelle. Surtout ne pas hésiter.

— C'est la faute des Italiens. Vous les connaissez : pas très courageux au combat mais teigneux le danger passé. Ils n'ont pas supporté que je préfère la France à l'Italie. Or moi, je suis français, français avant tout !

Trahis par eux, les Allemands détestaient les Italiens, surtout un vieux de la vieille décoré de la Croix de Fer. Il y avait quelques chances que ce fût la bonne carte. Le président réfléchit un moment puis bougonna en mauvais français :

— Bon... bon... Je vous mets en liberté... surveillée, attention ! Vous ne pas quitter Belfort... Sinon vous fusiller...

Médecin le remercia et faillit claquer les talons. De militaire à militaire...

La chance ! En politique, on ne réussit pas sans la chance, le roi Jean en avait toujours été intimement convaincu. Ni en politique ni, plus important encore, dans la vie.

Belfort la grise. Dans les rues embouteillées, se bousculaient les miliciens de Darnand en route vers l'est, et peut-être même Darnand lui-même. Ceux qui hâves, dépenaillés, affamés, se hâtaient vers l'Allemagne avaient perdu toute arrogance ; ne subsistait que la lutte pour la survie. La cité débordait de véhicules en déroute. Toute la France collaborationniste passait par là pour gagner le refuge, la scène où se déroulerait le dernier acte d'un opéra grotesque. Dans les automobiles maculées de poussière et de boue se calfeutraient les notables du régime. Chapeautés, cravatés, nombre d'entre eux, dignitaires de la IIIe République, allaient suivre Pétain jusqu'à l'ultime mascarade de Sigmaringen. Encore un décor de ville d'eaux pour un pouvoir en carton-pâte. Dans une de ces voitures, le vainqueur de Verdun, le Maréchal, le sauveur. Sous tous ces chapeaux, parmi ces visages fermés, mal rasés, où toute dignité semblait anesthésiée, Jean crut reconnaître l'ombre du glorieux soldat. Il marchait au hasard dans la ville. Plus personne ne regardait personne, il marchait en direction des sapins bleutés qui ornaient l'horizon vers la montagne, il allait en sens inverse de ces hommes dont il aurait pu faire partie, lui le notable parmi les notables, le dignitaire amoureux d'ordre. Sous ces chapeaux, il reconnut nombre de ses pairs englués dans la boue de la voie maudite. Il reconnut une France qui mourait, qui était déjà morte. Il marchait seul, loin, si loin encore de son royaume. Ce royaume le retrouverait-il, même si sa chance, sa grande chance le menait au bout du voyage ? Ou ferait-il lui aussi partie de ces hommes à chapeaux, de ces hommes du passé ? A cinquante-quatre ans, le roi était nu, il marchait sur la route sans nouvelles des siens, morts, vivants ? Il avançait parmi les décombres d'une société qui fut la sienne, parmi l'émiettement et le laminage de valeurs ravagées par le fléau du nazisme.

« *Il avait acquis une telle fatalité qu'il était prêt à admettre l'éventuelle disparition des siens, il était libéré de tout. Un jour il m'a dit : " Désormais, je comprends les clochards, je comprends les hommes qui vivent comme des clochards. " Il a marché comme ça pendant des jours et des jours, se restaurant dans des fermes, allant boire aux fontaines. Il descendit ainsi jusqu'à Gap d'où il téléphona à un restaurateur de Nice, Jean Roux, un conseiller municipal : " Je viens te chercher ", lui répondit sans hésiter son ami. Jean Roux chargea sa onze-chevaux de jerricans d'essence, qu'il avait achetés aux Américains, puis il prévint un chauffeur de la mairie qu'il connaissait, Jean Pallanca, et lui dit : " Accompagne-moi, on va chercher ton patron. " Les deux hommes partirent direction Gap, ils s'arrêtaient dans les auberges, aux postes à essence, ils donnaient le signalement de mon père, ils le décrivaient tel qu'il demeurait dans leur mémoire, bien habillé, cravaté, chapeauté, enfin ils décrivaient leur maire, Jean Médecin. Un pompiste s'est souvenu d'un homme qui lui avait dit être médecin à Nice ! Il lui avait même donné un verre de jus de pomme. Puis il avait pris la route en direction du sud. Jean Roux et Pallanca firent demi-tour, parcoururent une quarantaine de kilomètres jusqu'au moment où ils aperçurent un chemineau, baluchon sur l'épaule, un chemineau qu'ils avaient déjà croisé en montant. Ils s'arrêtèrent à sa hauteur. L'homme tourna la tête : c'était mon père. Il pesait soixante kilos, les yeux mangés de fièvre, une barbe de quinze jours lui dévorait le visage. Il s'écroula dans la onze-chevaux. En arrivant à Nice, on lui apprit que du fort Hattry, Charles Buchet avait été déporté dans un camp et qu'il était mort cinq jours avant sa libération par les Anglais.* »

FATIGUÉ, malade, rendu inéligible pour avoir été confirmé à son poste de maire par Vichy, Jean Médecin à cinquante-quatre ans pense que sa carrière politique est terminée. Nice jouit de sa liberté retrouvée, tandis qu'à l'hôtel de ville Virgile Barel, en tant que président de la Délégation spéciale occupe le bureau du maire. Dans les rues, les soldats américains font danser au son des orchestres de jazz les jeunes filles. Entre deux solos de trompette, on voit passer des convois de femmes rasées avec des croix gammées peintes sur le crâne ; vibrants de vertu, insultes à la bouche, des résistants de la vingt-cinquième heure ont enfin trouvé des ennemis à terrasser à la hauteur de leur courage. On rase, on fusille ; dans la plaine du Var, on s'octroie quelques propriétés dont les anciens occupants ont paraît-il frayé avec l'ennemi. Heureusement, tout s'arrange, parfois avec de l'argent sorti des lessiveuses. Tout se vend, tout s'achète : le silence et l'honneur au poids de la liasse de billets. Nice n'échappe pas aux bassesses qui accompagnent les armées d'occupation ni à une épuration qui dans les premiers mois du moins fut parfaitement arbitraire et horrible.

Balayé le médecinisme ? Pour la presse de l'époque certainement, les vieilles badernes on n'en voulait plus... Fini les notables, Nice comme la France entière sera régénérée par ses héros.

L'ex-roi s'est de nouveau réfugié à Annot. Raoul Bosio

se souvient de la première fois qu'il le revit, décharné, fragile soudain : « Pour me recevoir, il s'est péniblement levé de son fauteuil en s'appuyant de la main droite sur la table de la salle à manger et de la main gauche sur le buffet. Il était ulcéré de se savoir inéligible ; j'avais un homme blessé devant moi, blessé par la vie. »

Médecin demande à comparaître devant un tribunal de la Résistance, afin d'être condamné ou lavé de tout soupçon. Seul, il se rend à Paris devant ce tribunal qui siège sans désemparer. Le dossier est léger, extrêmement léger. A charge :

— Vous avez été présent à un meeting de Darnand.

— Oui, mais c'étaient les tout débuts de Vichy, Darnand était un soldat, un héros reconnu par la France entière.

— Vous avez participé au défilé de la Légion française des Combattants.

— Oui, en compagnie de Mgr Remond, archevêque de Nice. Il y avait également présent à ce défilé Charlie Buchet, mort en déportation.

— Vous avez été confirmé par Pétain à votre poste de premier magistrat.

— Je croyais qu'accepter, c'était rendre service à ma ville, lui éviter peut-être la nomination d'un autre, qui lui aurait appliqué sans faille la politique qui fut celle de Vichy après 1942.

A décharge : les centaines de témoignages de Niçois de différentes confessions qui bénéficièrent de fausses cartes d'identité, de fausses cartes d'alimentation, de faux documents en tout genre grâce au réseau qui fut mis en place par Jean Médecin lui-même.

Verdict : non-lieu.

Au même moment, à Nice, la bataille pour les premières élections municipales de l'après-guerre fait rage. Les premières élections depuis 1928, sans Jean Médecin.

Au premier tour les socialistes, avec l'avocat Jacques Cotta, recueillent 32 626 suffrages, la liste de Virgile Barel 32 348. Mais ce qui étonne les scrutateurs de la plupart des bureaux de vote de la ville c'est la présence de bulletins où figure le nom de Médecin. Des bulletins entièrement rédigés de leurs mains par les électeurs. Ce qui les étonne encore plus, c'est leur quantité : plus de quinze mille ! Et cela alors que l'ancien maire n'est ni candidat, ni même présent à Nice et que lorsque son nom a été évoqué dans la presse, cela n'a été que pour le critiquer, parfois férocement.

Le roi, du moins son ombre était de retour ! Quinze mille personnes fidèles malgré tout, quinze mille personnes contre le sens du vent. Médecin avait survécu à l'épreuve de la guerre, à l'occupation, à l'absence, au déshonneur, aux médisances. Dans une ville pavoisée aux idées nouvelles triomphantes, le roi resurgissait invaincu, sollicité par le cœur battant de son peuple. On parla, contre toute logique, de coup monté ! Comment monter un coup de quinze mille voix ? De cinq cents, de mille peut-être, et encore ?... L'ampleur écrasait le soupçon.

Dès son arrivée à Annot, en 1943, Jacques âgé de quinze ans avait tenté de poursuivre ses études. Ce fut d'abord l'Ecole universelle, mais étudier par correspondance en pleine guerre relevait de l'impossible. Il ne reçut jamais les corrections des devoirs qu'il avait envoyés. Par la suite, ce fut le lycée de Digne : départ d'Annot six heures du matin, retour vers les vingt-deux, vingt-trois heures, si aucun incident ne perturbait le trafic ferroviaire. Un régime impossible à tenir plus d'un mois. Après l'arrestation du père, tout bascula : plus question d'études, de bac, la Gestapo fouilla la maison et interrogea ce grand gaillard... Lui, quinze ans ! On se moquait... Il fallut sortir le passeport bardé de cachets avec l'aigle à croix gammée.

— Vous êtes allé en Allemagne ? demanda l'homme de la Gestapo.

— Oui, juste avant guerre.

— Vous parlez allemand ?

— Un peu mais j'ai oublié...

Les tampons avaient impressionné l'Allemand, il n'insista pas. Jacques poussa un ouf de soulagement, il avait frôlé la réquisition. A tout instant, en vérité, il risquait d'être arrêté, trop grand, trop costaud pour son âge. Il ne bénéficierait pas toujours du même coup de chance. Il lui fallait se cacher. Et se cacher à Annot, cela signifiait la montagne, montagne synonyme de rébellion, de Résistance. Jacques en mourait d'envie. Vivre l'aventure à son âge, c'était encore plus beau que dans les livres.

Amélie se laissa convaincre, elle préférait encore son fils courant les maquis plutôt que de le savoir en Allemagne nazie. Jacques partit « là-haut », en compagnie du fils du boulanger, un dénommé Faissol. Le plateau d'Auran, des pâturages, un paysage bucolique pour héros de Jean Giono éperdu de rêve et de paix. Mais en ce début d'été 44, réfugiées là, vivaient près de deux cents personnes, un grand nombre de juifs, un rabbin, quelques communistes et deux prêtres catholiques, tous recherchés par la Gestapo ou la Milice. Dans les films, il se passe toujours quelque chose, un guet-apens, une échauffourée, une tension extrême, l'action succède à l'action. Sur le plateau d'Auran, il n'y avait aucun metteur en scène pour régler le suspense, aussi l'ennui succédait à l'ennui, le désœuvrement au désœuvrement. L'action, lorsqu'il y en avait, surgissait furtive, quasi clandestine elle aussi : des coups de feu dans la brume, une cavalcade. La plupart du temps, personne n'avait rien vu, rien compris, le danger se diluait, fragmentaire ; caché par les fleurs et les herbes, un blessé en râle, parfois un mort. Et la vie reprenait précaire avec pourtant la lourdeur et la lenteur du temps qui, semblait-il, ne passait jamais.

En compagnie de quelques jeunes de son âge, Jacques avait été préposé à la cuisine. Dans une vieille bergerie, sur un feu de bois, on faisait cuire une maigre pitance. Le ravitaillement venait du ciel, parachuté par les Anglais, dans des containers. Parfois, pendant une semaine, les cieux restaient cruellement vides et silencieux, pas le moindre avion, pas le plus minuscule parachute à l'horizon. Les Allemands occupaient la vallée : impossible de s'approvisionner dans les villages. Le camp mourait de faim, les cuistots en étaient réduits à faire bouillir des herbes, des soupes d'orties agrémentées d'un peu de sel.

« *On s'habitue à avoir faim, au bout de deux ou trois jours, on est comme anesthésié. L'atroce, c'est ne pas savoir quand ça va finir : huit jours, neuf jours, si on savait on compterait... Mais se dire qu'il y en a peut-être pour l'éternité, qu'on va crever là ! Ce que je dirais de cette expérience, c'est que dans la vie l'élément psychologique est bien plus important que le biologique...* »

De ce passage dans le maquis Jacques Médecin n'a jamais tenté de tirer ni gloire ni avantage. Le cuisinier de la bergerie d'Auran ne s'est pas transformé en jeune héros de l'ombre, il n'y avait pas de quoi d'ailleurs. D'autres pourtant n'ont pas hésité à le faire. Dès qu'il sut Nice libérée, Jacques se précipita au-devant des Américains. Il courut à travers les alpages vers cette Amérique qui allait jouer un rôle si considérable dans son existence. Les premiers Américains qu'il vit du côté de Saint-André-des-Alpes faillirent lui tirer dessus, surpris par cette bande de jeunes hirsutes, dépenaillés, fusil au travers du dos pour certains.

Puis ce fut Nice, travestie en aire de repos pour les troupes américaines. Ils étaient partout, ces GI's, dans les hôtels où ils avaient pris la place des Allemands, dans les cafés, les restaurants... Avec leurs Jeeps, ils parcouraient les rues de la ville à une vitesse folle. Ils criaient, ils chantaient, ils riaient fort, se donnaient des grandes claques dans le dos, interpellaient les filles sans retenue, de la joie scintillait dans leurs yeux, leurs dents blanches paraissaient rire de tout, de rien. De grands enfants qui avaient bravé la mort comme sans s'en apercevoir, ils étaient beaux, légers comme si, pour eux, la vie se passait en dansant. Jacques est fasciné. Immédiatement, il les aime d'un amour fou. Voilà des hommes, un univers débarrassé des pesanteurs ancestrales. L'Amérique, c'est la vitesse, l'insouciance, la liberté d'être heureux, sans se cacher. Le jeune Niçois sur qui pèsent la tradition et la morale d'une vieille société grise et laborieuse se sent des ailes. Désormais, il sera américain. L'Amérique emplit sa tête sur des airs de Glenn Miller et de Tommy Dorsey, elle n'en bougera plus. L'enfant du terroir de la vieille Europe du Sud, de ce Sud si fatigué, si usé, va se lancer dans la conquête d'un impossible rêve. Ce rêve, il fera tout pour le transformer en réalité quotidienne en conciliant deux modes de vie incompatibles, deux mentalités réfractaires l'une à l'autre, l'union du Sud ancien et de l'Ouest nouveau. Lui qui, par ses racines, son cœur, son âme, sa culture, sa mentalité profonde appartient à la civilisation méditerranéenne millénaire, se voudra Prométhée désenchaîné tendant les bras en direction de l'homme du troisième millénaire, ce Californien beau du vide sidéral de son absence d'histoire. Amoureux d'amalgame épidermique, Jacques confondra soleil, mer scintillante et autoroutes, Ligurie et Californie. Mais sous les fallacieux rayons d'un soleil identique, sous les apparences d'une vie identique qui veut se conjuguer au présent se meut tout autre chose, des strates différentes, des puissances telluriques en totale opposition.

Ce bonheur américain va, beaucoup plus tard, nous le verrons, se transformer en erreur fatale.

Pour l'instant, dans l'euphorie, Jacques comme ses copains de lycée occupe son temps à récupérer et revendre cigarettes, Coca-Cola et bas nylon. Dans ce trafic, il est en bonne compagnie : les rejetons des plus honorables familles niçoises s'y livrent avec joie, arrivant le matin aux cours avec des musettes kaki pleines de produits de consommation « made in USA ». Jacques ne veut pas en rester là. Ce qui l'intéresse, c'est d'entrer en relation avec ces Martiens souriants, pas seulement de leur soutirer des Lucky Strike. Pour leur parler, une nécessité impérieuse : apprendre la langue. Derrière le Negresco, il achète dans une librairie anglaise qui existe toujours une grammaire, un dictionnaire et un livre d'exercices. A l'aide d'un crayon, il pointe dans le lexique tout ce qu'il ne comprend pas, autrement dit 98 % de l'ouvrage. Pas découragé pour autant, il attaque la lecture mot à mot, le dictionnaire à ses côtés. Il retient par exemple que *enough*, qui signifie « assez », se prononce « enof » ! Sans aucune aide extérieure il s'immerge dans cette langue que vingt-cinq mille gaillards parlent tout autour de lui dans la ville. Doué, il apprend facilement, muni de son crayon et d'une gomme pour effacer chaque mot compris et enregistré. Presque chaque soir, à deux pas de chez lui, quai des Etats-Unis, adresse prémonitoire, grâce à la complicité du directeur de l'hôtel Beau Rivage, il assiste aux séances de cinéma qui ont lieu dans les salons de l'hôtel réservés aux officiers américains. Devant ces westerns, comédies musicales et films de guerre sans sous-titres bien sûr, non seulement il améliore son maniement de la langue mais il fait connaissance d'officiers, étonnés de la présence de ce jeune garçon enthousiaste, avide de lier conversation malgré les imperfections de son anglais. Voilà Jacques copain des Américains, envoûté par leur désinvolture autant que par leurs chemises. Il prend leurs tics, une certaine façon de marcher chaloupée. Les Américains adoptent facilement ce *boy* plein d'allant, surtout que le *boy* en question n'hésite devant rien. Lorsqu'il visite un navire de guerre en rade de Villefranche, il se fait tout expliquer, interpellant aussi bien un simple matelot qu'un officier. Jacques ne quitte plus la rade, il connaît toute la flotte, sur chaque navire il possède son réseau de relations. Pierre Médecin, trop jeune pour le suivre à l'époque, se souvient de ce frère américain corps et âme.

« Il était le copain d'innombrables marins et officiers de marine. C'est de cette époque que lui sont venus son amour de la société américaine et la bosse de l'aventure. Il aimait les baroudeurs. Il les a aimés toute sa vie comme une partie de lui-même tenue en réserve et qu'il aurait bien voulu voir s'exprimer. »

L'aventure, elle court les rues niçoises en ces premiers mois de 1945. La ville oublie les années chagrines en une sorte de transe perpétuelle. Sur la Promenade des Anglais, les barres de métal en provenance de la démolition par les Allemands du Casino de la Jetée-Promenade veillent, sentinelles oubliées des années sinistres. Face à ces pièges hérissés en prévision d'un éventuel débarquement au Palais de la Méditerranée, Nice danse au son des plus fameux orchestres du monde : Benny Goodman, Harry James, Tommy Dorsey et même l'orchestre de Glenn Miller sans son chef tué quelques mois plus tôt dans un accident d'avion. On fredonne « In the mood », on susurre Sinatra. Nice la latine devient une succursale scintillante du *way of life* américain. Un choc qui restera à jamais dans les mémoires de toute une génération, celle de Jacques Médecin. Les plages sont truffées de mines, parsemées de blockhaus ; les quartiers populaires de Saint-Roch et de Riquier sont en partie démolis à la suite des bombardements de l'été 1944 (plus de cinq cents morts) ; le pont du Var qui reliait le comté au reste de la France dresse piteusement ses pylônes déchiquetés : pour traverser le fleuve, on doit emprunter un pont de fortune constitué de vieux bateaux délabrés. Ville abîmée, en partie ruinée, mais ville en effervescence, ville sur le qui-vive d'une ère nouvelle. Les anciennes fortunes vont mal, mais d'autres naissent. La relève est là parmi ces jeunes qui apprennent le sens dcs affaires avec les Amerloques. Comme ce petit Gatto, le fils d'Alfred, le chauffeur des grands-parents de Jacques, qui tous les matins s'installe devant l'hôtel Ruhl avec son établi de cireur de chaussures. Les soldats ne se font pas prier, ils livrent leurs godillots aux mains expertes du fils Gatto qui deviendra quelques années plus tard le roi de la pizza entre Nice et Cannes. Le *shoes shine boy,* sans parler un traître mot d'anglais, brosse d'une main, de l'autre récupère tout ce qui peut s'acheter et se revendre, fait fortune.

L'Amérique ne pouvant suppléer à tout, Jacques se trouve confronté à deux événements majeurs : le bac et les femmes. Pour le premier, par la faute de la guerre, il a pris un sérieux retard ; pour les secondes, il est encore dans les temps. Jacques participe à une session de rattrapage pour les adolescents troublés dans leurs études par les événements. Doué certes, mais peu besogneux il s'y présente avec une assurance inaltérable qui déjà constitue l'un des principaux traits de son caractère.

« *En géographie, j'ai eu comme sujet la lutte contre l'eau en Hollande. Je connaissais mais ce que j'en savais tenait en trente lignes. Je me suis donc mis à " bidonner " complètement, j'ai raconté l'histoire d'ingénieurs hollandais venus en France avant-guerre suivre les cours de l'Ecole polytechnique et qui, tel Theo van Denloyken, j'inventais le nom bien sûr, était retourné chez lui et avait obtenu une récompense de l'Académie des sciences de Hollande pour ses découvertes sur les nouveaux procédés de pompage de l'eau hors des polders. Je donnais un tas de détails. Je me disais : soit le prof pense que j'ai inventé et il lui faut vérifier, ça lui prendra un mois ; soit il me croit ou préfère me croire. J'avais raison : il m'a collé une excellente note, un dix-sept ou dix-huit, je ne me souviens plus très bien.* »

L'eau en Hollande, il est certain que Jacques en savait quelque chose; qu'il invente le reste au plus près d'une réalité évidente lui paraît aller de soi. Ce tour de passe-passe employé pour le bac, l'homme public plus tard l'utilisera quelquefois, jamais pour tromper, mais le plus souvent pour éblouir. Et tel son prof, la plupart de ses interlocuteurs ébahis n'y verront que du feu.

Première partie du bac en poche, Jacques va se faire déniaiser afin de parachever son apprentissage d'une vie d'homme. Le décor, un vignoble près d'Avignon. Nous sommes dans la propriété de l'oncle de Jacques, celui-là même qui avait accueilli le roi Jean lors de son exil. Un soir de la fin septembre, Jacques, qui a passé sa journée à cueillir en plein soleil le raisin, se retrouve juché sur un cheval qui tire une carriole pleine de grappes juteuses. En amazone derrière lui, une jeune Viêt-namienne venue participer aux vendanges. Sous la blouse échancrée, deux seins fermes et doux qui selon les cahots de la route rebondissent à travers le tissu contre le dos du cavalier. Belle et si légère que Jacques sent à peine le poids du corps collé au sien s'il n'y avait ces seins qui régulièrement le frôlent et se dérobent pour mieux s'écraser l'instant d'après. Au fouloir, les grappes sont déchargées tandis que Jacques rentre le cheval à l'écurie. La jeune Viêt-namienne l'accompagne, ramasse des brassées de paille. Leurs bras et leurs mains se croisent au-dessus des flancs de la bête en sueur, puis se sont leurs deux torses tout entiers et enfin leurs lèvres, dans un premier baiser à l'odeur mêlée de foin et de crottin. La jeune Asiatique entraîne Jacques dans la remise au-dessus de l'écurie. Déboussolé, il se jette sur elle maladroitement. Elle l'aide à se dépêtrer de ses vêtements puis à pénétrer en elle. L'instant d'un éclair, l'éclair du désir fou longtemps contenu. Abasourdi, Jacques penaud veut prendre la fuite, elle le retient en souriant. Il lui dit que c'est la première fois... Avec une infinie tendresse, elle lui explique que ce n'est pas grave, que le désir va revenir. Mieux, elle s'emploie à ce qu'il revienne. Et effectivement, il revient et revient encore... La belle Viêt-namienne à la peau caramel suscite les coups de boutoir du taureau fou. Dans le silence de cette nuit de fin d'été, plus une parole, pas un rire, seulement la salive des baisers et la suave moiteur de deux corps effrénés. Elle avait vingt ans, il en avait seize.

L'hiver revenu, Jacques entre aux cours Devienne pour préparer la seconde partie du bac. Mais il lui faut compléter son éducation dans tous les domaines. Il se souvient d'une belle amie de sa mère qui un soir à la campagne, quelques années auparavant, l'avait laissé glisser la main le long de sa cuisse, ne l'interrompant dans un éclat de rire qu'à quelques centimètres du cœur de tous les mystères.

« *Elle devait avoir quarante-deux ou quarante-trois ans, une très jolie femme qui de plus était la mère d'un de mes camarades. Elle habitait près de chez nous, quai des Etats-Unis. Un soir peut-être pas si innocent que cela, j'y suis allé pour voir mon copain. Elle m'a ouvert la porte, elle était toute seule. Elle m'a fait entrer dans le salon. Comme j'avais grandi, presque un homme, elle m'a offert un porto et s'est assise à côté de moi. Je me souviens parfaitement du goût du porto et de son odeur, une odeur de femme que je ne saurais définir sauf que c'était la première fois que je pouvais la humer de si près. " Vous souvenez-vous de ce soir sous le Baou de Saint-Jeannet ?... " Tu parles si je m'en souvenais ! Alors, en se penchant vers moi elle m'a murmuré : " Je sais ce que vous ressentez... " Le reste a suivi, une soirée merveilleuse. Pour la première fois, je faisais l'amour avec une vraie femme, une femme douce et sûre d'elle. Elle m'a donné confiance en moi. Car, au contraire de ce que l'on peut croire, j'ai toujours été timide avec les femmes. Je le suis encore. Une fois que la glace est brisée, je deviens audacieux mais avant de la briser je suis empêtré comme un jeune séminariste. Une période extraordinaire commençait. Cette femme m'a apporté la tranquillité de l'âme et du corps. Elle m'a appris beaucoup de la vie : qu'il ne fallait pas que je sois trop sentimental, ni que je m'attache à chaque conquête, ne pas tomber amoureux de toutes les femmes rencontrées. Plus tard, j'ai tenté de suivre ses conseils. Je dis tenté dans la mesure où j'ai passé toute ma vie à me lancer dans des aventures amoureuses, je n'arrive pas à établir le compte des femmes qui ont traversé mon existence, ce n'est pas du tout par prétention que je dis cela mais parce que j'adore les femmes, que j'ai toujours cherché leur compagnie. Parfois elles m'agacent, je réalise alors la différence qui existe entre elles et nous les hommes, mais je n'aime pas ceux qui prétendent que les femmes ont plus ceci ou l'homme plus cela ! Je pense que de toute évidence, l'homme et la femme sont tellement complémentaires ! Les femmes continuent de jouer un rôle essentiel pour moi. D'ailleurs, en compagnie de deux épouses, je n'ai été capable que de faire trois filles. A la naissance de la troisième, ma mère m'a fait la remarque suivante : " Tu es puni par où tu as péché... " Que voulez-vous, j'ai conservé un caractère terriblement midinette, je n'ai jamais pu ressentir d'attirance pour une femme qui me soit totalement indifférente. Je ne veux pas dire par là que je meurs d'amour à chaque fois... Non ! Il existe des degrés différents mais disons qu'ils se situent entre 37,9° et 40°. La comparaison peut paraître stupide mais on est bien forcé d'établir des degrés dans tous les domaines : l'amitié, l'amour, le travail... »*

LE fils fait l'apprentissage des choses de la vie, le père, lui, part à la reconquête du trône perdu. Difficile et longue reconquête ; ses quinze mille voix obtenues aux élections municipales d'avril 1945 en poche, le roi Jean réapparaît dans sa ville, retrouve les amis politiques, les gens qui comptent. Il arpente les rues, on le salue, on l'accoste. Jean soulève son chapeau et entame la discussion. Maurice de Alberti raconte ainsi sa première rencontre après guerre, avec celui qui fut et sera son « patron ».

« Peu de temps après son retour à Nice, je le rencontrai sous les arcades de la place Masséna et les premiers mots que je prononçai furent : " Monsieur le maire ! " Il sourit et me dit : " Je ne le suis plus. " Et ma réponse fusa : " Bientôt vous le serez à nouveau. " Il enchaîna : " Si les Niçois le souhaitent, qu'il m'aident. Toi, ta famille, tes amis, apportez-moi votre appui. Si chacun se mobilise, ensemble nous pourrons y parvenir, mais ce sera moins facile qu'on ne le croit. Tout est à refaire. " »

L'intelligence du roi déchu est de comprendre que la reprise de la mairie ne se fera pas de front, qu'en vérité il faut repartir de zéro et surtout assimiler des éléments nouveaux telle la mainmise des partis politiques plus ou moins issus de la Résistance. Rien qu'à Nice s'affrontent le PCF, la SFIO, l'USR, le MRP, le Front national (rien à voir avec le parti de M. Le Pen), le MLH, le MNPGP, le parti radical... Médecin sait très bien que ce florilège d'initiales ne durera pas longtemps mais, en attendant, il est indispensable de jouer quelques-unes de ces cartes entre elles, de neutraliser un adversaire par un autre, tout en se tenant soi-même en retrait. A ce jeu, le roi ne craint personne ; au contraire il s'en délecte. Avant-guerre, la politique lui semblait déjà par bien des aspects nuisible à l'ordre de la cité ; désormais, après son expérience d'homme rejeté et suspecté, il la considère comme le mal absolu. Un mal dont il faut jouer à son profit. Et puisque mal il y a, qu'au moins ce soit avec le diable directement que l'on traite. Le 17 août 1945, *Le Patriote*, l'organe du parti communiste, sous le titre : « Vers l'union dans le département pour la renaissance française », publie un article qui va sidérer autant à gauche qu'à droite, un article dans lequel il est stipulé : « M. Jean Médecin, sénateur des Alpes-Maritimes, et M. Virgile Barel, député mandaté par le bureau fédéral du PCF se sont rencontrés. Ils ont ensemble abordé l'étude des grands problèmes de l'heure. Ils ont reconnu la nécessité d'une politique d'union de tous les éléments sains du pays, républicains et démocrates, pour l'accomplissement des grandes tâches que posent après la guerre la reconstruction et la renaissance de la France. »

A travers cette langue de bois, peut-on deviner ce que se sont dit les deux hommes ? Un partage du pouvoir ? Une répartition des influences ? ou plus simplement la neutralité communiste concernant le retour du roi Jean aux affaires ? Projections sur l'avenir en raison de quoi les enjeux et les rôles respectifs ont été définis. Nul ne le saura exactement, bien que toutes les suppositions aient été faites. Parmi les plus folles envisagées, celle de se débarrasser du maire par intérim, le socialiste Jacques Cotta ! Rien sans doute de tout cela ne fut formulé avec précision. Les suites de cette rencontre ne pourront se lire qu'implicitement dans les résultats des scrutins futurs. Il n'y eut certainement pas de marchandages, les deux hommes étaient trop honnêtes et chacun à sa manière trop convaincus pour conclure un quelconque troc, tout au plus peut-on envisager un accord, en faveur d'une ville pour laquelle l'instituteur et le bourgeois partagent la même passion. Pour l'un comme l'autre, Nice valait bien le sacrifice de quelques convictions de principe.

Reconquête par la base : en politique électorale, la base c'est le canton, là où un candidat digne de ce nom doit connaître tout un chacun. Le fief du roi, le quatrième, devrait lui être tout acquis ; avant guerre, c'est ici qu'il réalisait ses plus beaux scores. Mais cette fois la politique, la grande, vient troubler l'ordre établi. Il ne s'agit plus de serrer quelques mains et de promettre l'agrandissement d'une terrasse ou la réfection d'un trottoir. Jacques Cotta, téméraire mais sûr de son prestige de tout nouveau maire, se présente sans d'ailleurs demander l'avis de son conseil municipal. La campagne, difficile, parfois nauséeuse, tourne bien sûr sur les états de services patriotiques durant la guerre. Schématiquement : le résistant barrant la route au collabo. Le roi se défend en attaquant. Lui, tout le monde connaît son action ; que les autres apportent les preuves de leur héroïsme. L'époque est aux tribunaux d'exception, aux grandes messes justicières en place publique. *Nice-Matin,* qui a pris la succession de *Combat,* qui lui-même avait balayé *L'Eclaireur,* par la plume de Lucien Gueguen, membre du comité directeur du journal et du MLN, exige que Jean Médecin vienne s'expliquer publiquement. Dans un premier temps, le roi accepte ou plutôt, selon sa tactique habituelle, ne dit pas non. Lui parvient alors, toujours par le même canal, une seconde mise en demeure : « Monsieur Médecin, les résistants, les vrais, vous somment de vous expliquer publiquement sur vos dires et votre activité. »

Les résistants, les vrais, autrement dit Médecin n'en est pas un... Le rendez-vous est fixé par le journal place Masséna, le 20 septembre 1945. Le roi sent le carnage, il entend déjà les huées, les sifflets, l'ire populaire dans toute sa férocité. Car, bien évidemment, l'assistance sera entièrement fabriquée par ses adversaires. Il ne viendra pas au rendez-vous en expliquant qu'il y voyait une manœuvre et un piège. Le soir, vingt mille personnes huent le nom de Jean Médecin sur la place publique. Le lâche, le dégonflé, Médecin est mort, ratatiné, déshonoré. Le lendemain, le journal entérine l'acte de décès en déclarant : « Jean Médecin, ainsi que l'a prouvé le rendez-vous manqué de la place Masséna, est bel et bien politiquement fini. »

Sans doute ces vingt mille adversaires du roi ne votaient pas dans le quatrième canton, où une partie d'entre eux changea d'avis, toujours est-il que trois jours plus tard Jean Médecin, avec plus de treize mille voix, arriva en tête devant le candidat communiste. Jacques Cotta, qui comptait éliminer définitivement le roi, ne fut que troisième. Certes, pour la première fois, Médecin n'était pas élu au premier tour mais malgré tout, en cette fraîche soirée de septembre, il put se dire qu'il revenait de loin, des abîmes. Tout n'était pas joué cependant : si le communiste se rétractait en faveur de Cotta, le combat était loin d'être gagné ; en revanche, si Médecin demeurait seul face au communiste, l'issue de la lutte ne faisait aucun doute, la partie modérée de l'électorat de Cotta se reportant sur lui. Du côté de Cotta, la grogne sévissait, une bonne partie du conseil municipal qui n'avait pas apprécié que le maire fasse cavalier seul se prononça en privé pour l'ex-maire. Pour leur part, les communistes n'avaient nullement l'intention de s'effacer. Arrivés en seconde position, ils tenteraient leur chance jusqu'au bout. Certains virent là la preuve évidente d'accords Barel-Médecin. Mais a-t-on déjà vu des communistes, surtout en 1945, passer la main pour un candidat arrivé derrière eux ? Jamais. Le 10 octobre, Jean Médecin non seulement est élu conseiller général, ce qui n'est déjà pas si mal, mais surtout il bat son successeur à la mairie. Mauvais signe pour ce dernier. La preuve : on lui demande d'agir comme Alexandre Mari qui, en 1928, désavoué dans une élection similaire, démissionna. Cotta, avocat habitué aux causes perdues, n'écoute pas les sirènes de la déroute qui demandent son départ : il reste.

Durant ces années de l'après-guerre, les Français ne cessent de se rendre aux urnes, pas moins de trois fois en un peu plus d'un an. La IVe République a du mal à définir ses marques. Médecin se trouve sur la ligne de départ à chaque fois, sur la ligne d'arrivée aussi ! Le but final : la mairie, bien sûr, mais en attendant il faut occuper le terrain, être présent partout. A ces élections aux assemblées constituantes, on ne vote pas pour un nom mais pour une liste. Le roi Jean, qui n'a jamais cru aux partis et aux étiquettes, se voit obligé de se couler dans un moule, s'il veut briguer un poste de député. Plutôt que de s'inscrire à un quelconque mouvement, il fonde le sien propre. Lui si réfractaire au rassemblement en crée un : le Rassemblement républicain. Ainsi il devient le patron de sa liste et ce sont les autres qui doivent venir chercher son parrainage. Ce Rassemblement va constituer la charnière du système Médecin deuxième période et perdurer à l'occasion des consultations électorales chez le fils.

Les temps ont changé. Le roi pressent qu'en conséquence il doit modifier les méthodes et surtout changer les hommes chargés de les appliquer. Lui qui agissait jusqu'ici empiriquement, au flair, se dote d'une organisation politique qu'il confie à Raoul Bosio. Le débutant des premières années est devenu un colosse aux poings véloces, exactement l'homme de la situation dans ces temps troublés. Une partie des locaux de l'ex-hôtel des beaux-parents Meyer transformée en appartement va servir de permanence électorale; les secrétaires, des bénévoles, font le relevé des listes électorales, la permanence devient le centre nerveux du médecinisme, le roi y vient presque chaque soir et là reçoit tout le monde à la bonne franquette. Il charme. Il promet. « Quand allez-vous reprendre la mairie ? » lui demande-t-on. Il lève les bras au ciel... Dieu seul le sait ! Alors, on l'en prie, on l'en supplie. Peut-être... Peut-être... L'interlocuteur s'en va, chargé d'une mission, transformé en agent électoral, sans même s'en rendre compte, tout faire pour que le roi retrouve sa couronne. Médecin tisse sa toile; la mairie, il ne pense qu'à elle chaque jour, chaque heure, et surtout chaque fois qu'il doit prendre ce foutu train qui le mène à Paris, écouter les palabres et arguties d'une Assemblée nationale livrée, plus que jamais, malgré les efforts des législateurs pour modifier la Constitution, à l'inertie paralysante des partis.

Octobre 1947 : les élections municipales, la campagne s'annonce difficile, le challenger pour la première fois c'est le roi ! Même en 1928, il n'avait pas été confronté à une situation similaire : à l'époque, les deux candidats se faisaient la guerre pour un fauteuil vide. Fauteuil aujourd'hui occupé par un homme, qui bénéficie en outre de l'appareil municipal, propre à tout élu face à ses adversaires, d'un entregent personnel. Maître Cotta possède une voix de bronze, ondulante et frissonnante dont il use et abuse. Son bilan n'est pas négatif, même s'il ne s'agit le plus souvent que de la reprise ou de la mise en action de projets conçus avant la guerre.

Les nuits sont chaudes durant la campagne, les équipes

de colleurs d'affiches s'affrontent durement. Jacques et son frère Alexandre n'hésitent pas à faire le coup de poing parmi les équipes de Bosio.

« *Quand on allait afficher la nuit, il ne fallait pas avoir froid aux yeux. Ce n'était pas de la rigolade. Je peux dire que j'ai connu les communistes de la grande époque, armés jusqu'aux dents, provocants et cherchant l'affrontement. Bosio, quand il s'agissait d'aller à la bagarre, c'était une torpille humaine, il possédait un courage physique extraordinaire, une force herculéenne. Il nous entraînait.* »

Les commandos médecinistes font front de toutes parts. Communistes, socialistes mais aussi les gaullistes réunis sous la bannière du RPF. Autre angoisse pour Jean Médecin : un nouvel électorat qu'il connaît mal. Cela fait douze ans qu'il ne s'est plus présenté au suffrage de l'ensemble de la population niçoise. En 1935, il y avait en tout et pour tout 47 029 inscrits ; en ce mois d'octobre 1947, on en compte 114 870.

Le soir du scrutin, le roi arrive en tête, devant l'éternel Virgile Barel, les gaullistes et enfin la liste du maire sortant (9 634 voix). Pour Cotta, c'est l'effondrement !

Le roi l'emporte, mais il devra composer pour régner. Avec 33 228 voix et 14 élus, pour la première fois il ne possède pas une majorité absolue sortie des urnes ; détail en comparaison de sa joie. L'intermède de ces quatre années d'absence va très rapidement s'effacer des mémoires et quasiment de l'histoire officielle, un peu comme si elles avaient été volées par subterfuge à la logique et à celui qui l'incarne, le roi ! Cotta l'usurpateur, sombrant sous les problèmes personnels, va disparaître de la vie publique. Place nette est faite. Dans le bureau du second étage, presque rien n'a changé. Aussi, aucune manifestation n'est prévue quand huit jours plus tard le roi s'y installe pour toujours. On ne fête pas le retour du cours normal des choses.

A cinquante-sept ans, au moment où il retrouve le pouvoir, qu'attend Médecin de la vie ? Sans aucun doute la continuation de son règne pour le plaisir secret de la satisfaction personnelle mais aussi pour le désir peut-être encore plus exaltant d'accomplir un destin, de marquer une ville, de se fondre en elle comme elle se fond en lui. A partir de cet instant, le roi entre vivant dans sa légende, l'âge venant le transformer en patriarche, sorte de sage parmi les sages, figure quasi intemporelle qui inspire sinon de l'amour du moins le respect.

De la période d'ombre et de suspicion qu'il venait de traverser, il sortait non seulement blanchi, lavé mais étrangement lumineux, comme si en fait, par une alchimie curieuse de transmutation des valeurs, les critiques les plus virulentes contribuaient à son élévation et à son encensement. Derrière la figure emblématique, quel homme se cachait ? Un notable sans l'arrogance de la bourgeoisie, un politique populaire sans la familiarité du populisme, distant et chaleureux à la fois, à l'écoute de tous mais conservant son entière disponibilité de manœuvre. Il lui suffisait parfois d'un adverbe bien placé pour rétablir la justesse d'une situation. A un directeur de musée qui le harcelait pour obtenir un rendez-vous, le roi finissant par le lui accorder le reçut avec cette phrase redoutable : « Encore vous, monsieur... Asseyez-vous donc. » Le « encore vous » paralysa l'outrecuidant qui ne put que se confondre en bafouillant. Toujours le génie des adverbes dans cette anecdote dont se souviennent quelques vieux huissiers. Un matin, le roi arriva à la mairie à huit heures, au lieu des sept habituelles. Devant l'ascenseur un groupe de fonctionnaires s'effaça devant le « Patron » : « Mais non, messieurs, je vous en prie, je monte à pied », susurra-t-il avant de commencer à gravir les escaliers. Mais dès le premier palier, il se retourna en direction des fonctionnaires et leur lança : « Alors, messieurs, déjà fatigués ? » Pour mesurer son impact parmi la population le roi possédait ses techniques, techniques plus fiables que les sondages les plus perfectionnés et surtout plus humaines. Simple et belle, celle consistant à se promener entièrement seul dans les rues sans entourage, ni gardes du corps, mains dans les poches, chapeau sur la tête, nez au vent. Aux sourires qu'on lui adressait, à ceux qui venaient l'accoster, aux discours qu'on lui tenait, le roi testait le cours de sa popularité. Les jours de marché, le matin très tôt, lorsqu'il quittait sa maison de Gairaut, il lui arrivait de croiser une de ces nombreuses paysannes qui descendaient des collines à pied pour vendre leurs légumes, il faisait arrêter son chauffeur et la prenait en stop. La conversation s'engageait en niçois, la paysanne reconnaissait le maire ou parfois ne le reconnaissait pas. Dans les deux cas elle avait vite fait de vider son sac. En quelques minutes et quelques phrases, il en apprenait cent fois plus qu'avec tous les rapports que l'administration pouvait lui fournir.

— Tu vois, Michel, disait-il à son chauffeur, voici une femme qui toute sa vie se souviendra qu'elle est montée dans la voiture du maire. Fière elle en parlera à sa famille, à ses amis, c'est toujours autant de voix conquises à jamais.

Pour quelques voix de plus ! Hé oui ! Médecin n'oubliait jamais que son « royaume », il le devait au peuple, à « son peuple ».

VINGT-SIX ans après sa mort, la maison de l'aire Saint-Michel conservait l'empreinte du roi. En ce brumeux et froid après-midi de décembre, le jardin paraissait gris et nu, comme abandonné. Dans le lointain les collines étaient parsemées d'habitations récentes, des taches de ciment dans la verdure. De la ville, là en bas, montait une rumeur sourde, continue, mais dans le grand salon, silence complet, immémorial, rien ici n'avait changé, ni les grands fauteuils, ni le divan où je m'installais, ni les tableaux aux murs, des toiles qui ressemblaient à des tableaux de famille, quelques paysages entre l'enluminure et l'envolée classique à la grecque chère aux artistes de la fin du XVIIIe siècle et du début du XIXe. L'intérieur d'un notable de province, sans luxe, juste un confort de bon aloi. Dans une pièce attenante, Amélia assise dans un fauteuil profond dormait yeux ouverts, totem de presque un siècle d'existence, muette et lisse comme un marbre ancien. Le roi allait-il descendre des étages et me recevoir ? Pourquoi pas puisque tout l'attendait, puisque tout était resté en place ? Il viendrait, me parlerait de son fils, ce Jacques dont il doit tant souffrir, ce fils iconoclaste, rebelle, insaisissable, ce fils « maudit » qui aujourd'hui risque le pire. L'aime-t-il, l'aime-t-il encore, l'aime-t-il toujours, l'aime-t-il enfin, ce héros victime expiatoire d'une tragédie fatale ?

A mes côtés, sa fille bien-aimée, Geneviève, la vestale

des lieux venue me parler de « lui », son dieu, son père, de l'autre aussi, le frère aux mille éclats qui font si mal, vous piquent et vous transpercent. Signe caractéristique de la lignée Médecin, Geneviève, volubile, s'exprime à la même vitesse que Jacques, avec la même tonalité, une identique tenue de la phrase en piqué qui vous interdit de vous immiscer. Les mots cascadent en rafales ininterrompues. Abrupts, ils rebondissent avant de s'éparpiller puis de nouveau se condenser pour mieux vous foudroyer.

« Paul Valéry fumait une pipe qui s'éteignait à tout bout de champ, il s'asseyait là, sur ce divan, on plaçait devant lui un énorme cendrier. Quand il partait, le cendrier n'était pas rempli de cendres mais de bouts d'allumettes. Le cendrier de Valéry, j'ai toujours entendu parler de lui à la maison. A l'âge où les enfants jouent à la poupée, j'ai côtoyé Churchill, le roi de Suède, la princesse Margaret, c'est une aubaine du destin. Depuis que je suis au monde, j'ai vécu dans cette atmosphère.

« Trois traits caractérisaient mon père : la puissance de travail, le sens du devoir et un don pour préserver lui et les siens. Pendant des années, papa, pour moi, ce fut quelqu'un qui partait tous les lundi matin avec sa petite valise, il ne revenait que le vendredi soir, voire le samedi matin et, avant de rentrer à la maison, il passait à la mairie. Une vie de travail et de contraintes. Dans le train, il prenait une couchette de première ; il fallut qu'un jour un ami lui dise que sa condition de parlementaire lui donnait droit à un wagon-lit, sinon ça ne lui serait jamais venu à l'esprit. On disait de lui qu'il était exigeant, c'est vrai, mais il l'était encore plus avec lui-même, il faisait partie de ces gens qui ne se passaient rien, ne se pardonnaient rien. Un homme de cœur, sensible à la détresse, plus que sensible, je l'ai vu les larmes aux yeux lorsqu'il lui arrivait d'évoquer certains cas désespérés qu'il avait reçus dans l'après-midi. Papa ne s'illusionnait pas sur le monde mais il avait conservé toute sa faculté d'émotion. Pour nous, ses enfants, pour sa femme, il s'évertuait à la disponibilité. Lorsqu'il rentrait exténué après une journée entière de conseil municipal, il était capable d'écouter nos petits problèmes, de s'intéresser à l'emplacement d'un tableau. Immédiatement il essayait les différentes possibilités jusqu'au moment où il croyait avoir trouvé la bonne place. Oui, il savait faire la coupure, peut-être parce qu'il avait réussi sa vie privée. Jacques, lui, l'a ratée. »

Les charmes américains épuisés, la formation des sens en bonne voie, Jacques aperçoit devant lui la longue route des études se profiler. Ce qui ne l'enchante guère. Intelligent, brillant, doué d'une mémoire excellente, il se sent mal à l'intérieur étroit du carcan des programmes. Sa forme de pensée vagabonde, curieuse de tout, mais indisciplinée a horreur de l'abstraction méthodique propre à toute discipline. Boulimique de savoir mais d'un savoir anarchique, préférant repousser du pied ce qui le gêne ou ne l'intéresse pas plutôt que de s'atteler à enregistrer une totalité.

« Mon frère n'a jamais eu la bosse des études, se souvient Pierre Médecin, il n'a jamais tenu dans un moule, toujours hors des normes. A dix-huit ans, il est parti au Danemark, il devait y rester trois mois, on ne l'a revu qu'un an et demi plus tard. Sans doute à cause d'une petite Danoise. Pour vivre son aventure, il est devenu étalagiste, décorateur... Il aimait, il a aimé toute sa vie prendre des risques. De là sa fascination pour des gens partis de rien et qui font fortune. Plus tard, devenu maire, il ressentait une sorte de jouissance à s'entourer de collaborateurs couverts de diplômes, à penser qu'il était leur patron, qu'il possédait le pouvoir sur eux, que c'était à lui qu'ils devaient leur carrière, lui qui en somme n'avait aucun diplôme supérieur. Cela dit, pour être son ami, mieux valait avoir son certificat d'études et diriger une entreprise de cinq cents personnes, plutôt qu'être énarque. Un diplômé devait démontrer qu'il était quelqu'un de bien; au contraire, un self-made-man, dans n'importe quel domaine, à priori était formidable. De là peut-être la ribambelle de gens sans scrupules qui se sont glissés dans son sillage et, abrités par sa carapace, l'ont fait jouer avec le feu. »

Pierre Médecin a raison et tort à la fois; ce n'est pas une fille mais les filles et les femmes en général qui retiennent Jacques à Copenhague. Le *latin lover* fait des ravages sous les latitudes nordiques, les approches sont simplifiées au maximum : je te plais, tu me plais suffisent pour se retrouver au lit. Jacques enlisé comme tout homme du Sud dans les tabous, les peurs et la timidité s'en trouve délicieusement libéré. Et Copenhague, c'est loin de Nice, autrement dit des études ! Une fois le temps des vacances terminé, il accomplit les démarches pour obtenir un certificat de travail. A l'époque, le Danemark n'attribue pas de permis de séjour dépassant les deux mois. Si on désire rester plus longtemps, il faut quitter son emploi, en chercher un autre et re-signer pour deux nouveaux mois. Jacques accepte, deux mois à dix-huit ans, une éternité ! Justement, à l'aéroport de Copenhague on a besoin de manutentionnaires, voilà donc Jacques porteur de bagages. Deux mois plus tard, les fêtes approchent, une chaîne de grands magasins engage le jeune Niçois comme étalagiste décorateur... L'aventure continue. De Nice, Jean Médecin lui envoie le télégramme suivant : « Tu restes au Danemark pour y travailler, c'est parfait. Mais si tu devais y faire des dettes, ne compte pas sur moi pour te sortir de prison. Je t'envoie néanmoins mille francs. Je te demande simplement de nous tenir au courant, ta mère et moi, de ce que tu deviens. Je t'embrasse. »

Noël, jour de l'An, Jacques arpente les rues enneigées de la ville d'Andersen à la recherche d'un boulot. En attendant, dans sa chambre sous les toits, face à l'hôtel de ville, il prépare des petits plats pour ses invitées. Elles sont charmées par cette bonbonnière minuscule, où dans un placard se trouve le réchaud. Dehors, il fait si froid. Changement de décor, le job suivant a moins de prestige que celui d'étalagiste, il s'agit d'une confiturerie, le sucre lui colle aux cheveux et aux chaussures :

« *Je ressemblais à un torchon.* »

Mais le soir venu, chemise propre, pantalon de velours à côtes, il est prêt aux aventures, aux rencontres. Dans cette ville accueillante il s'est lié avec les Davidsen, des bourgeois introduits dans la bonne société. Jacques devient l'agrément de leurs dîners. Ce beau jeune homme, venu du pays du soleil, se débrouille fort bien dans la langue, il pratique l'anglais presque couramment, il a tout pour séduire. A l'un de ces dîners, il rencontre le directeur du musée de la brasserie Carlsberg, il l'engage comme gardien. Fini la confiture, en vérité la place de gardien consiste essentiellement à balayer les couloirs. Jacques se plaint, le directeur le propulse à la brasserie. Vêtu d'une blouse blanche, il mélange les poudres sans lesquelles la bière naturelle le serait beaucoup moins. En quelques jours, selon son habitude, il collectionne les connaissances sur la bière. Imbattable aujourd'hui encore.

« *Méfiez-vous des bières qui portent le terme " lager ", ce sont des bières chimiques, en revanche les " ales " sont naturelles. Il n'en existe plus beaucoup sauf quelques belges et l'ale anglaise, tout le reste est chimique.* »

Son apprentissage, Jacques le poursuit comme marchand de journaux tout en donnant des cours de français à de belles Danoises émoustillées de s'initier à la langue de Molière d'une si heureuse façon.

Une feuille de route militaire va mettre un terme à ses pérégrinations volages. Il faut rentrer en France. Jacques qui a souffert de la durée du voyage à l'aller en traversant l'Allemagne détruite, écrit à son père que contre le coût d'un billet de première classe, il lui rapportera tout un choix de fromages comme on n'en trouve plus en France depuis dix ans ! Le roi accepte le marché.

C'est ainsi, un carton de fromages sous le bras, que Jacques quitte ce pays où il a été heureux, par l' « Etoile du Nord », direction Paris.

« *Toutes ces expériences m'ont apporté beaucoup. Au Danemark, j'ai fréquenté des ouvriers, j'ai vécu avec eux, j'ai passé les fêtes de Noël avec eux. Et j'ai découvert que le principal bonheur, pour les ouvriers, c'était le logement. Au Danemark, ouvrier ou pas, tout le monde a sa maison individuelle avec son jardin. Les gens qui vivent là sont plus heureux que dans des silos humains comme les HLM en France. Oui, j'ai connu les ouvriers, j'ai partagé leur travail, ça n'a l'air de rien mais c'est énorme pour un garçon comme moi, qui normalement n'était pas programmé pour cela. Le Danemark dans mon cœur restera toujours le pays de la liberté. Après les contraintes imposées par l'occupation, les études ensuite, et la vie stricte en famille qu'imposait mon père, je me retrouvais mon propre maître. J'étais confronté à ma vraie nature. Je me suis prouvé que je pouvais gagner ma vie, pendant toute cette période mon père ne m'a pas envoyé un sou. On peut dire qu'au Danemark j'ai découvert le travail et le plaisir. Je ne l'aurais certainement pas vécu de la sorte en France.* »

Jean attend le fils prodigue à la gare. Ce fils qu'il n'a pas vu depuis plus d'un an. Il avait assisté au départ d'un gamin, c'est un homme qui débarque du train, son carton de fromages sous le bras. Du coup, Jean ravale la longue liste des reproches qu'il se proposait d'énumérer. Les récriminations que l'on peut adresser à un adolescent ne sont plus de mise devant cet adulte. Lors de ses séjours dans la capitale, le roi Jean loge dans un petit studio, du côté de la rue de Rivoli. Les deux hommes s'y rendent et, là dans la pièce qui est tout à la fois chambre à coucher, salon et cuisine, Jacques extirpe ses merveilles qui embaument l'atmosphère. Petite faiblesse, le roi adore les fromages. Décidément, les reproches seront pour plus tard, Jean se régale, Jacques parle, parle comme à son habitude. Le festin terminé, le roi range soigneusement le reste des fromages à l'abri sous une serviette. Les deux hommes sont heureux de s'être retrouvés, Jacques n'a que quelques jours avant de partir sous les drapeaux à Reims. Auparavant il fera un saut à Nice pour embrasser sa mère et revoir les amis. Avant de le quitter, Jean, qui possède une longue expérience militaire, lui donne un seul conseil : « Ne te révolte pas en vain, ne discute jamais, laisse faire et tout se passera bien. »

A Nice Jacques ne compte pas perdre son temps : dès le premier soir, il fait l'amour sur la plage.

Le second, il visite l'oncle Paul, le frère aîné de Jean. Bâtonnier de l'ordre des avocats, Paul est également le parrain de Jacques. Les deux hommes passent la soirée ensemble. Jacques raconte ses aventures danoises. Paul, homme cultivé mais austère, s'étrangle de rire ; décidément, ce gamin l'étonnera toujours. Avant de partir pour le Danemark, le jeune homme, tout en espérant un supplément de pécule pour le voyage, lui avait recommandé de lire les « Jalna », une série romanesque de Mazo de la Roche dont Paul ignorait tout. Avec suspicion, le bâtonnier avait ouvert le premier volume ; dans les jours qui suivirent il dévora toute la série. Le vieil homme avait redécouvert un plaisir depuis longtemps envolé, la joie de se laisser porter par une histoire et des personnages comme à vingt ans.

— Tu sais, dit-il, j'ai lu les « Jalna ». Quelle merveille, je te remercie !

Paul évoqua les héros du roman avec une multitude de détails, exactement comme s'ils faisaient partie de la famille ! Heureux à son tour de parler de futilités. La soirée se prolongea, ils rirent beaucoup puis l'oncle raccompagna son neveu sur le pas de la porte et alla se coucher.

Le lendemain il était mort.

« *Mon oncle était cardiaque. Il avait trop ri durant toute cette soirée, peut-être sans ma venue serait-il mort dix jours plus tard. Mais il est mort dans un vaste éclat de rire, ce qui n'est pas si mal après tout.* »

L'ARMÉE est le domaine rêvé pour un jeune homme fringant, débrouillard, que la collectivité n'effraie pas, bien au contraire. Le fils du roi comprend vite tout ce que l'on peut tirer de cette perte de temps imposée. Il se retrouve affecté en Allemagne comme interprète. L'uniforme lui plaît beaucoup, c'est celui de la Royal Air Force, l'étoffe des héros. Sur le bras, il porte un écusson avec une tête de sphinx, le blason des interprètes. Voilà Jacques naviguant entre le commandement français et la zone américaine. En quelques semaines, le fils du roi se transforme en empereur des bas nylon. Il effectue ses achats dans les PX, ces grandes églises de la consommation made in USA, partout où les GI's posent leurs brodequins. Jacques achète, Jacques revend : farine, sucre, chocolat, de petits bénéfices de 2 à 3 % qui, amassés, en font un nabab. Avec les Allemands il parle allemand, avec les Américains américain, avec les Parisiens il prend l'accent parisien, avec les gens du Midi il se laisse aller. Poisson dans l'eau, il découvre qu'il possède le sens des affaires. On peut lui demander l'article le plus inusité, le plus insensé, dans les vingt-quatre heures il se débrouillera pour le fournir à son client. Neuf mois de négoce, et c'est le retour en France après un petit détour par l'Angleterre. La France toujours grise, avec ses conflits sociaux, ses syndicats, ses grèves comme celle des conducteurs d'autobus de la RATP. L'armée est réquisitionnée pour remplacer les chauffeurs défaillants, ceux qui comme Jacques n'ont pas leur permis poids-lourds remplacent les contrôleurs.

« *J'ai travaillé sur la ligne place Balard-La Villette pendant toute la durée de la grève. Ce n'était pas très drôle. Heureusement, les passagères nous reluquaient : des soldats, quelle aubaine ! Au centre de démobilisation, un lieutenant a regardé mon livret militaire sous toutes les coutures...*

— *Vous habitez Copenhague ?*

« *Effectivement l'adresse où j'avais reçu ma feuille de mobilisation était celle de Copenhague. Je n'allais pas entrer dans les détails.*

— *Ah bon ! fit-il avec un sourire malin, eh bien, du moment où vous vivez à l'étranger, vous n'auriez dû effectuer qu'un mois d'armée...*

J'en avais accompli quatorze au total. Tant pis, je ne regrettais rien. Démobilisé, je rentrai à Nice dépenser l'argent que j'avais gagné en Allemagne. »

C'est sur la plage Sun Beach à Saint-Jean-Cap-Ferrat, que Jacques rencontre la première Américaine blonde de sa vie. Il aime les blondes, il aime l'Amérique. Grande vaporeuse, en un mot Hollywoodienne, la belle fredonne : « I'm in the mood for love », tout un programme. Timide ou pas, Jacques franchit le pas. Et voilà que commence une romance, une vraie, avec serments pour la vie. Une passion : Jacques est fou de cette fille qui marche comme Ava Gardner avec le sourire de Rita Hayworth. Subjugué, il part avec elle pour Paris où la belle suit des études de décoration, il s'inscrit à la fac de droit, plus pour avoir une bonne raison de quitter Nice que pour s'occuper sérieusement de droit civil. Le couple, car c'en est un, passe l'hiver en amoureux. L'Américaine vit chez sa maman française mais en vérité est plus souvent rue de l'Echelle, dans la garçonnière octroyée par le père de Jacques.

Emmagasiner des articles du Code civil, piocher dans les arcanes du droit international, public ou privé, constituent pour Jacques une gymnastique profondément ennuyeuse. Les cheminements tortueux de l'âme humaine le séduisent mais le passage de leur mise sous tutelle juridique le glace. Aussi, quand il ne fait pas l'amour, rêve-t-il d'avenir avec quelques-uns de ses camarades de cours tous nés à la fin des années vingt, tous de bonnes familles, tous avides de se faire une place dans cette société qui par bien des aspects ressemble encore à celle de Balzac. Il y a là Pierre Mazeaud, futur alpiniste, futur ministre, député RPR de Savoie, Gérard Beytou, fils des laboratoires Beytou, aujourd'hui producteur de cinéma (on lui doit *Rabbi Jacob*), Jean-Marie Rossi, futur antiquaire, Jean-Luc Lagardère, patron de Hachette. La petite bande forme un club avec comme mot de passe : réussir avant quarante ans !

« *Nous avions de l'ambition, nous étions issus de la guerre, nous étions jeunes, entreprenants, volontaires. Nous avions un slogan commun, une idée fixe : l'homme qui n'a pas réussi avant quarante ans doit considérer qu'il ne sera jamais un homme de premier plan, ou plus exactement un professionnel de premier plan.* »

Au fond, Jacques sait que pour lui les clés de la réussite se trouvent du côté de la politique. Encore faut-il pouvoir y pénétrer. Avoir un père maire de Nice ne suffit pas, la politique s'apprend, la politique s'apprivoise, Jacques veut faire ses classes. Il taraude le roi pour qu'il l'aide à ouvrir la porte sacrée. Ce sera une petite porte, poussée par René Mayer, un personnage important de la IVe République. Jacques entre au cabinet des Affaires économiques, comme chargé des relations avec le Parlement. Le titre ronflant recouvre un vague labeur de secrétariat, porte-dossiers. Qu'importe, Jacques pénètre dans le saint des saints : l'Assemblée nationale, assiste aux débats, croise dans les couloirs les ténors de l'époque, surprend des bribes de conversations, des débuts d'intrigue, pénètre de plain-pied dans la réalité sans fard de la politique politicienne, celle qui s'élabore dans les antichambres, le secret des cabinets. Il voit grenouiller autour de lui un petit monde de carriéristes ménageant ceux qui montent, piétinant ceux qui descendent, une noria de fonctionnaires bouffés aux mites par le seul souci de l'avancement. Tout en ne voulant pas leur ressembler, Jacques ne joue pas au dégoûté, la politique c'est cela. Mais ce sont les hommes qui la déterminent et le plus sombre des marigots s'éclaire par la seule présence d'un individu de qualité. Pour Jacques le débutant, la lumière viendra d'Emile Hugues, un « pays », député-maire de Vence, secrétaire d'Etat aux Affaires économiques. Emile Hugues prend en affection ce jeune homme, fils de son ami Médecin.

« *Hugues était un homme rigide, sévère, impartial, exigeant et sans complaisance, le fait qu'il ait eu pour moi beaucoup d'attachement a été un encouragement à bien servir un patron. Avant de devenir patron soi-même, il faut apprendre à servir, à mettre son orgueil dans sa poche.* »

Dévoré par la politique et l'amour, Jacques échoue à son examen de troisième année de droit. Cet examen, il ne le passera jamais. L'été revient, l'Américaine s'en va. Dans le train qui le ramène du Havre où il l'a accompagnée, Jacques distrait sa tristesse en compagnie d'une jeune femme en larmes, elle aussi. Œuvre de consolation qu'il poursuivra pendant quelque temps.

Il existe deux voies mythiques à la réussite, la politique et le journalisme. Pour Jacques qui commence à étouffer dans la tiédeur des cabinets ministériels, pour celui qui depuis tout petit berce ses rêves au rythme des grands reportages à travers le monde, le journalisme apparaît bien mieux qu'un pis-aller, une voie royale, la concrétisation de ses vœux les plus secrets. Journaliste ! L'occasion lui en est offerte avec le rachat de *Paris-Presse* par Marcel Dassault et la recommandation d'un autre Niçois, le général Corniglion Molinier, as de l'aviation, combattant des forces aériennes libres durant la guerre, député RPF des Alpes-Maritimes. Fastueux personnage que ce Corniglion Molinier. Né dans le train entre Cannes et Nice en 1898, il mourra dans l'avion Paris-Nice en mai 1963. Entre-temps, outre ses activités guerrières il sera journaliste à *Paris-Soir*, producteur de cinéma : *Drôle de drame* de Marcel Carné, *L'Espoir* de Malraux. Beau palmarès pour un dilettante militaire doublé d'un homme politique.

Corniglion, qui connaît tout Paris, recommande son protégé à Marcel Dassault. Trois jours plus tard, Jacques est convoqué par le rédacteur en chef de *Paris-Presse*. Homme pressé, Max Corre réduit le dialogue au minimum.

— Que veux-tu faire ?

— Tout.

— D'accord, tu commences demain.

Le lendemain pour vingt-huit mille francs par mois (deux cent quatre-vingts francs), le fougueux Jacques débute dans le journalisme.

« *A mes débuts j'ai fait équipe avec un garçon, Jean Osti que tout le monde connaît sous le nom de Jean Lartéguy, avec Maurice Siégel, futur patron d'Europe 1, avec Jean-François Devay, le fondateur de* Minute, *avec Henri Gault, avec Christian Millau, avec Louis Martin-Chauffier, avec Henri Marque... tant d'autres. Le* Paris-Presse *de ce temps-là était une véritable pépinière. Des hommes de premier plan, des journalistes fantastiques. Avec eux, j'ai reçu le baptême du feu de la vie échevelée des salles de rédaction de l'après-guerre. Pour nous tenir éveillés la nuit, le rédacteur en chef nous distribuait des jeux de cartes. Après minuit, on était autorisés à faire monter des filles. Il y avait de l'ambiance.* »

JACQUES endosse les habits de Tintin ; le voilà galopant à travers le monde, sautant de voiture en avion : reporter. Il l'est devenu presque sans s'en apercevoir comme dans les rêves de son enfance. A *Paris-Presse*, il passe de service en service, pour saisir toutes les ficelles d'un métier qui à l'époque détenait encore une aura de mystère, un métier de caste où il fallait non seulement prouver mais encore avoir la manière. Ecrire bien ne suffisait pas ; pour se faire un nom, sortir de l'ornière des pisse-copie, le panache était obligatoire. Etre journaliste, le premier crétin venu avec un minimum d'études pouvait faire l'affaire, mais affronter le crime, la misère, la guerre, l'horreur et malgré tout conserver le sourire, allumer une cigarette et boire un coup par là-dessus, bref être un homme, n'était pas donné à tout le monde. Le paraître importait, un paraître bravache, grande gueule, bon cœur. Les journalistes baroudeurs de cette époque se coulaient dans le moule sans aucun mal, ils en possédaient toutes les fibres, de Jean Lartéguy à Lucien Bodard.

Jacques le débutant exulte, poisson dans l'eau. A moins de vingt-cinq ans il a trouvé son élément, le plein épanouissement de sa nature d'aventurier romantique, un pied dans la mégalomanie, un autre dans la réalité la plus tangible. L'univers se bouscule à sa rencontre, enchevêtrement cahotique qu'il assimile à pleins poumons afin de le transmuer et de le décrire avec des mots, des mots qui parfois caracolent plus vite que la vérité de la chose vue. Mais qui lui en ferait le reproche? N'est-ce pas là l'essentiel du travail de journaliste : retravailler la réalité sans la trahir mais en faisant de sorte qu'elle devienne évocation, image, symbole, fiction? La forme d'esprit de Jacques ne pouvait trouver de miroir plus révélateur.

« *On m'a très vite lancé dans la nature et, du papier que l'on rédige dans la salle de rédaction, je suis passé aux informations générales. Je me souviens de mon premier crime, un appartement sordide de l'île Saint-Louis, un garçon de dix-neuf ans avait assassiné sa mère et son père à coups de hache parce qu'ils ne voulaient pas qu'il sorte avec la fille qu'il aimait. Il y avait des traces de sang sur les murs, déjà l'odeur de la mort ; le père surpris en train de faire des mots croisés gisait sur la grille du journal, la tête fracassée ; la mère, effondrée sur le lit, avait le crâne ouvert ; la hache traînait encore par terre. Abominable ! Par la suite on s'habitue, on se fait à tout, mais la première fois...* »

Après les faits divers ce seront les grands reportages : l'Indochine, le Maroc, la Malaisie... Mais c'est à Paris, chez des amis, qu'il rencontrera Claude. Devinez... Elle est grande, elle est blonde, elle est mannequin. Coup de foudre. Elle a vingt ans ; il en a vingt-sept. Elle appartient à la bonne bourgeoisie ; il est journaliste, fils du maire de Nice. Il lui demande de sortir avec lui ; elle accepte. Marions-nous ! C'est lui qui en a le premier l'idée. Auparavant, il n'avait jamais pensé au mariage. Et comme il n'est pas du genre à hésiter longtemps, il prend sa décision en quelques secondes. Après tout, il a l'âge de se marier. Il téléphone donc à la famille, autrement dit au père.

— Papa, je suis amoureux, je veux me marier, elle s'appelle Claude.

— Que fait-elle ?

— Mannequin.

— Hum...

— Papa, j'arrive, je l'amène avec moi.

— Ne sois pas stupide, cela peut attendre la fin de la semaine, achève ton travail et laisse-moi terminer le mien.

Geneviève avait quinze ans la première fois qu'elle rencontra Claude. Elle la voit encore pénétrer dans le salon de la demeure familiale.

« Elle était éblouissante, une classe extraordinaire, quand elle entrait quelque part, les gens n'avaient d'yeux que pour elle. Elle adorait Jacques. Elle l'adore toujours ! Cet amour-là est le grand amour de la vie, de l'un comme de l'autre. J'étais très proche de Claude. De mes trois belles-sœurs, elle était la plus gentille, la plus délicate. Un peu distante, c'est vrai, de la timidité surtout, et puis une éducation parisienne différente de la nôtre. Différence qui a gêné ma mère, elle la trouvait pimbèche. Entre elles, ça n'a jamais marché. En revanche, mon père, je crois, l'aimait beaucoup, ils partageaient tous deux la même passion pour les fleurs. Claude possédait des mains de fée. Au Soubran, la maison que papa avait offerte à Jacques, elle faisait pousser des roses rustiques, très rares. Elle les soignait avec tellement de soin que même l'hiver elles subsistaient. Quand papa devint très malade, elle lui en portait un jour sur deux, il les préférait aux plus belles des roses Meilland. Le jardin, mais aussi les conserves de tomates, les cerises à l'eau-de-vie, les confitures, au Soubran elle était heureuse. Ici même, elle a tendu de tissu certaines pièces, ça lui prenait comme ça un après-midi, le soir elle avait fini. Quand papa est décédé, elle a eu énormément de chagrin, pas seulement le chagrin d'une belle-fille, non. Elle ne considérait pas Jean Médecin comme son beau-père mais comme le père de l'homme qu'elle aimait. »

Le mariage a lieu en décembre 1952, un beau couple,

disent les convives, elle la grâce et la distinction, lui la force et le brillant. Devenu Mme Médecin, Claude ne tient pas à continuer son métier de mannequin. Nice lui plaît, pourquoi ne pas s'y installer ? Amoureux fou, Jacques ne lui refuse rien. Pour elle il sollicite une place au seul quotidien de la région : *Nice-Matin.* Michel Bavastro le reçoit et l'engage. Le président-directeur général de *Nice-Matin* engage-t-il un journaliste de plus ou le fils du maire de Nice ? Sans mal préjuger de la perspicacité de Michel Bavastro, il est certain qu'à l'époque le journaliste Jacques Médecin, aussi talentueux fût-il, n'était pas une signature qu'on s'arrachait. Voici donc le jeune marié incorporé à l'équipe de rédacteurs de *L'Espoir,* l'édition du soir de *Nice-Matin.* Il y retrouve Charly Buchet, le fils de Charles Buchet, le rédacteur en chef de *L'Eclaireur,* compagnon de cellule de Jean Médecin au fort Hattry ; un ami d'enfance. Une petite équipe à laquelle s'incorpore sans difficulté le fils du maire.

A *L'Espoir,* Jacques ne renâcle jamais, partant pour toutes les tâches, même les plus obscures, de la réunion des orphelins de la bataille de Narvik jusqu'à la réunion des plénipotentiaires chargés de réfléchir à la présence du nouvel Etat d'Israël à l'ONU. Une école différente de celle de *Paris-Presse,* une école plus rude, plus rigide, laissant moins de champ à l'imagination. Pas assez au goût de Jacques qui se démène pour arracher des correspondances de journaux parisiens et de l'étranger. Qui le croirait aujourd'hui mais il fut un certain temps collaborateur de *Libération,* le bon vieux *Libération* tendance SFIO ! On pouvait tout lui demander, le reportage d'un match de foot de l'OGCN ou l'interview d'une vedette de passage, toujours disponible, de bonne humeur. Dans le milieu de la presse, ce sont des avantages qui valent leur pesant de renommée. Rapidement, il devient le correspondant officiel de *L'Aurore,* de *Newsweek* et d'United Press International, plus quelques autres prestations de moindre importance. Vedette non, journaliste connu pour son efficacité et sa débrouillardise oui. Une vie de chien : réveillé à quatre heures du matin pour surprendre un ministre australien de passage à Monte-Carlo en compagnie de sa petite amie. Pour United Press il y a toujours, quelque part, un journal qui se boucle. Une vie de chien oui, mais de chien fou. Le travail comme l'argent appelle le travail, la toute nouvelle radio Europe 1 fondée par Louis Merlin recrute Jacques pour devenir son correspondant sur la Côte. Du stylo il passe au magnétophone avec une aisance redoutable. Ecrire pouvait être parfois pesant, parler jamais ! Europe 1, la radio dont toute la France parle sauf la Côte d'Azur où elle ne parvient pas, pour Jacques c'est la consécration, un vedettariat qui s'annonce prometteur. Désormais, il sait qu'il possède un vrai métier où ses mérites sont reconnus. Jacques, non plus le fils de Médecin maire de Nice, mais Jacques Médecin journaliste.

Pendant que son fils marque des points d'indépendance, le roi Jean gouverne, régnant sur un conseil municipal qui n'est plus à sa botte mais dont il tire les ficelles avec une subtilité retorse, tantôt s'appuyant sur les gaullistes du RPF, tantôt sur la molle SFIO pour obtenir l'appoint de voix qui manque à sa majorité. Le roi adore les combinaisons, les renversements d'alliance, ces jeux de la démocratie que certains considèrent vains. Pour le roi, il n'existe pas d'absolu ; en politique, on peut toujours discuter, et qui peut discuter peut s'entendre. Le sectarisme, il l'a en horreur, ainsi que tous les ismes, les positions tranchées sur lesquelles il est inconvenant de revenir. Pour Jean, on se doit d'avoir des adversaires, jamais d'ennemis. D'ailleurs la France de la IVe République vit sous le régime des conciliations plus ou moins éphémères ; on a tout dit et écrit de cette République des partis où la manœuvre tendait ses rets, s'infiltrant jusque dans l'appareil de l'Etat. Les gouvernements succédaient aux gouvernements, les majorités changeaient de couleur suivant les alliances du jour. Un sac de crabes dans lequel de Gaulle allait mettre un grand coup de pied, imposant la bipolarisation et du même coup, en corollaire, l'idéologie triomphante. Si le roi se méfie des partis, leur disparition ou du moins leur nivellement le hérisse. Jean aime la IVe République, il se reconnaît en elle, avec ses amis de l'UDSR (Union démocratique et socialiste de la Résistance), il détient un certain pouvoir au Parlement.

L'UDSR, groupe charnière s'il en est, constitue une de ces formations sans lesquelles aucune majorité et par conséquent aucun gouvernement ne serait possible. Hétérogène, l'UDSR se situe au centre gauche modéré, fondé en 1945 par Pierre Mendès France et François Mitterrand, on y croise des personnalités en provenance d'horizons et d'idéologies aussi différentes que des socialistes : Francis Leenhardt, Henri Ribière, des gaullistes historiques comme René Capitant, Jacques Soustelle, Jacques Baumel, des catholiques tels René Pleven ou Eugène Claudius-Petit. Une bonne partie de la fine fleur de la IVe République se retrouve là, plutôt à gauche sans excès. Depuis 1936 et son aventure avec le PPF après l'expérience de la guerre puis de l'épuration, le roi Jean a pris ses distances avec la droite. De 1945 à 1958, il soutiendra sans défaillance les gouvernements de gauche ou de centre gauche socialistes, radicaux ou modérés. Roi à jamais à Nice, obscur à Paris, Jean Médecin va soudain se trouver en pleine lumière à Versailles. Un décor de rêve pour un roi candidat à l'élection présidentielle. 1953 : on élit encore le président de la République française entre soi, en réunissant le Parlement au grand complet : Chambre des députés et Sénat. En ce frileux mois de décembre et à peu près dans l'indifférence générale, la France ou plutôt ses représentants vont élire un successeur à Vincent Auriol. Par quel effet de hasard ou subit accès de vanité, le roi qui s'était jusqu'ici tenu à l'écart de Paris et de toute carrière nationale va-t-il faire acte de candidature ? D'abord, une constatation : nul ne savait qui serait élu. Plusieurs candidats se présentaient, presque tous certains de ne pouvoir réunir une majorité suffisante. Une candidature surprise pouvait donc débloquer la situation. Fallait-il encore en avoir envie. Indubitablement, Jean Médecin fut séduit. Président tranquille de cette IVe République, sorte de super-sénateur sans prérogative ni véritable pouvoir mais garant de la rigueur républicaine, le poste avec son potentiel de prestige pouvait apparaître au roi comme un beau couronnement de carrière. Un Niçois président de la République française, cela ne s'était jamais vu ! A soixante-trois ans, le roi Médecin n'avait rien à perdre. Pourtant, dès le premier tour, tout faillit être joué, Jean ne recueillit que cinquante-quatre malheureuses voix, prenant place au huitième rang sur une dizaine de candidatures. Vexé, il se retira. Un article de Jacques Fauvet paru dans *Le Monde* aurait dû lui rappeler le sens des réalités. Jean Médecin était-il devenu brusquement un homme d'Etat ?

« Il est peu de parlementaires aussi anciens et aussi peu connus. Député, puis sénateur avant la guerre et à nouveau député, il n'a jamais été ministre. (Il le sera quelque temps plus tard lors du ministère d'Edgar Faure.) Ce destin modeste d'un parlementaire déjà chevronné en fait le candidat des sans-grade des deux Assemblées. Certains élus nouveaux de 1951 se sont tournés pour cette raison vers cet ancien ; d'autres plus âgés voient en lui un ancien combattant de 14-18. Les résistants n'oublient pas de leur côté qu'il a été destitué par Vichy en 1943 et interné à Belfort. M. Médecin est un homme du centre modéré de tendance radicale ou radical de tendance modérée, il a voté l'aide à l'école publique. Il passe pour hostile au projet d'armée européenne. »

« Aussi ancien et aussi peu connu... », lui, Médecin que toute la Côte d'Azur respecte, lui président du conseil général des Alpes-Maritimes depuis 1951, lui que ses sujets adorent ! Trop averti de la relativité des choses, sans aucun doute ne s'illusionnait-il pas...

Si l'affaire s'arrêtait là, si Jean avait repris son train avec couchette, vaudrait-il la peine de citer l'anecdote ? D'une phrase peut-être ? Mais, en bon républicain, le roi ne reprit pas le train ; conscient d'effectuer son devoir d'électeur jusqu'au bout. Le Congrès ne s'amusait pas mais poursuivait ses travaux laborieux. Après quelques tours, il ne restait plus que deux candidats, Edmond Naegelen et Joseph Laniel, un progressiste modéré et un conservateur exagéré. Au quatrième tour, dégoûtées par ce choix impossible, les voix se dispersèrent dont quarante-cinq de nouveau sur le nom de Jean Médecin, alors qu'il ne faisait plus acte de candidature. Du coup, les amis se pressèrent autour de lui : « Refais acte de candidature... » En quelques heures, il était devenu l'homme providentiel, le seul à pouvoir dénouer ce feuilleton qui tournait au vaudeville. Cinquième tour, le maire de Nice recueille cent quatre-vingt-dix-sept voix ! L'élection est en vue. *France-Soir* écrit : « Il faut insister sur le caractère spontané et massif de la manifestation que de nombreux parlementaires des groupes divers de la majorité nationale viennent de faire sur un homme dont le caractère et la haute compétence mises, depuis plus de vingt ans, au service de la cinquième ville de France, lui valent l'estime et l'amitié du monde politique. »

A treize heures ce samedi matin-là, les radicaux, pour faire barrage à Joseph Laniel, décident de soutenir le Niçois.

Un peu plus tard Jean Médecin déclara :

« Je suis arrivé ce matin sans aucune arrière-pensée à la réunion du parti radical. [...] On m'a désigné à l'unanimité comme le candidat officiel du RGR pour le prochain tour de l'élection. [...] J'ai accepté. J'ai eu un entretien avec M. Laniel dont j'ai rendu compte à mes amis. Ceux-ci à l'unanimité m'ont encouragé à me maintenir, ce que j'ai décidé de faire. »

Mais au sixième tour, l'après-midi, cent soixante et onze voix seulement se portent sur le candidat radical de la dernière heure. Dormit-il bien, Jean, cette nuit-là ? Logiquement le rêve était passé, le rêve d'un instant brisé. Mais peut-on avoir un raisonnement logique en la matière : tant de pressions, de négociations, tant de pusillanimité aussi jouaient en la circonstance. Le dimanche matin, c'est l'effondrement, le roi « fait » cent cinquante-six voix. Immédiatement il se retire, et cette fois définitivement. Jacques Fauvet avait raison : un homme sans parti, sans notoriété parlementaire, ne pouvait apparaître aux yeux de la classe politique parisienne comme un candidat valable. Le pouvoir local de maire, de conseiller général, de président d'assemblée départementale ne pesait pas lourd dans la balance. Encore moins si, comme le roi, on ne s'en était pas servi pour se construire une renommée nationale.

Avec un haussement d'épaules, bien des années après, Jacques Médecin balaie la perspective de son père président de la République française :

« *S'il avait été élu, il aurait connu le sort de René Coty obligé en 1958 de céder sa place à Charles de Gaulle...* »

DURANT ces années où Jacques Médecin se fait un prénom, le père et le fils se voient peu. Les deux hommes se rencontrent aux anniversaires et aux fêtes. Parfois le roi vieillissant convie Claude et sa petite-fille Martine, née en 1954. Avec la jeune femme il parle jardinage, tout en jouant avec l'enfant. Comment va Jacques ? s'inquiète-t-il. Bien, répond régulièrement Claude, qui ne fait qu'entrevoir son époux entre deux reportages. Les rencontres se terminent invariablement par la même phrase du roi à sa belle-fille : « Dites à Jacques qu'il faudrait que nous nous voyions... » Vœu pieux la plupart du temps. Aussi lorsqu'en 1960 il affirme vouloir rencontrer son fils et plus seulement le souhaiter, l'événement doit être de taille. Jacques arrive au rendez-vous, exubérant, comme à son habitude, cigarette blonde américaine aux lèvres, habité par les bruits, les fureurs et la futilité du monde. Dans le bureau du roi, règnent une pénombre compassée, le silence digne d'un cabinet de notable au travail. Ici, l'effervescence de la Côte se brise contre les pics et les rocs des dossiers intitulés : urbanisme, voirie, budget prévisionnel, ici le soleil porte gilet croisé, chemise amidonnée. Selon son habitude, le roi interroge son vis-à-vis sur ses activités, son travail, sa santé, écoute les réponses avec une attention soutenue, extrêmement concentré, mains croisées. Jacques, qui connaît le processus par cœur, se lance dans une série d'anecdotes, entrecoupées de digressions et de commentaires qui meublent l'attente. Soudain au milieu d'une phrase de son fils, le roi se lève et vient prendre place de l'autre côté du bureau. Les choses sérieuses peuvent commencer. La question tombe, nette et précise : Jacques veux-tu toujours faire de la politique ? Bien sûr ! La réponse est enthousiaste. Le roi fait comme s'il n'avait pas entendu et enchaîne :

— L'année prochaine, il y aura les élections cantonales, je ne me représenterai pas. Je suis fatigué, j'ai trop de charges, il faut que je passe la main.

— Je suis partant, papa !

— Est-ce que cela te fait vraiment envie ?

Commence un long monologue où le roi brosse un tableau sinistre de ce qui attend son fils au conseil général. Une assemblée difficile où les intérêts des différents cantons sont souvent divergents. La tâche est rebutante, technique avant tout, sans grande renommée en contrepartie. Un travail obscur effectué la plupart du temps par les sans-grade de la politique.

— Ça ne fait rien, s'enflamme Jacques, je veux être conseiller général.

— Bien, acquiesce le roi en reprenant place à son bureau. Revoyons-nous à ce sujet dans six mois, jusque-là pas un mot.

Sur cette décision de Jean Médecin de ne pas se représenter au conseil général, Jacques affirme que la fatigue et la maladie en sont les seules causes, dès 1960 son père commençait à ressentir les attaques du mal qui devait l'emporter cinq ans plus tard. Fatigue, peut-être, première atteinte d'un mal incurable certainement pas. En vérité, depuis 1958 et l'arrivée du général, Jean Médecin se replie sur sa ville. Bien qu'ayant voté l'investiture à de Gaulle, le roi n'apprécie pas l'homme ; ce monarque de la capitale lui apparaît trop personnel, trop hautain, trop autoritaire.

La politique nationale et ses retombées locales prennent un ton qui ne lui convient pas du tout ; Jean n'apprécie guère le système référendaire, cette façon d'en appeler au peuple par-dessus la tête de ses représentants, de les mettre devant le fait accompli. La Ve République, dès le début, se montre centralisatrice, technocratique, l'élu n'est plus tout à fait l'élu. On respecte la forme et la lettre, non le contenu. Le Parlement peu à peu se transforme en chambre d'enregistrement, le pouvoir local perd de ses prérogatives, noyé dans une paperasserie étatique surabondante, la moindre décision d'ordre général doit obtenir l'autorisation d'une foule de fonctionnaires férus de leurs privilèges. Paris n'est plus seulement à Paris, il est partout. Une armée de technocrates est chargée, plus ou moins ouvertement, de surveiller au mieux les potentats locaux, de les contrarier, de les abattre à l'extrême. Le roi Jean se sait désigné comme dinosaure d'un autre âge. Les gaullistes du défunt RPF relèvent la tête sous l'étiquette nouvelle de UNR. Les élections municipales de 1959 ont été délicates, le vieux roi s'est fait bousculer, on lui a reproché son immobilisme, de se contenter des réalisations passées, d'avoir une vue trop régionaliste, de refuser l'évolution des choses. Il a rétorqué que le développement de Nice était tel que l'action de la municipalité pouvait paraître moins importante qu'auparavant ; par ailleurs, il devenait difficile de réaliser des travaux spectaculaires vu leurs coûts énormes. Refus d'évoluer ?

Il repoussa l'idée en constatant, lui, une seule évolution : celle désastreuse qui tend à subordonner les municipalités à l'autorité centrale. Jean Médecin l'emporta bien sûr, mais il sentit bien qu'il lui serait impossible au sein du conseil général d'entrer en lutte ouverte avec l'administration conquérante. Il lui fallait partir avant que les choses ne se dégradent. Dans ce cas, autant en profiter pour mettre son fils sur les rails.

Le roi a toujours bénéficé d'une vision lointaine et néanmoins pragmatique. Pragmatique et malin, plus de trente ans après son coup de 1928 (vingt-trois fois son nom sur la liste des élections municipales), le roi mitonne pour son fils un tour à sa façon. Quelques semaines avant les élections, les murs du quatrième canton se couvrent d'affiches avec comme seul libellé : « J. MÉDECIN. » Subtilité politique, bien dans le style du vieux, commentent les médicinistes lorsqu'ils s'aperçoivent que ce « J. » n'est pas pour Jean mais pour Jacques ; arnaque politicienne augurant bien mal de l'avenir du rejeton, s'exclament les adversaires... Quant à l'intéressé lui-même, il proteste :

« *Contrairement à ce qui a été dit il n'y a pas eu du tout d'entourloupette, c'est une légende et, comme toutes les légendes, elle a la vie dure. En réalité, mon père possédait un stock de vieilles affiches qui datait d'une élection précédente, sur lesquelles il était inscrit " Votez J. Médecin ". Mon père décida de les employer, en attendant la date de dépôt des candidatures. Pendant la campagne, ce furent bien mes affiches que les Niçois purent découvrir.* »

Inclinons-nous donc devant le roi et son sens aigu de l'économie... un modèle du genre.

La première réunion publique de l'Héritier a lieu dans un vieux cinéma du centre ville l' « Edouard VII », longtemps spécialisé dans les films américains en V.O. L'état-major médeciniste serre les rangs autour des deux hommes ; tous ceux qui tiennent l'appareil politique, les présidents de bureaux de vote, les colleurs d'affiches, les agents électoraux, l'ensemble placé sous la tutelle de Raoul Bosio. Le roi prend la parole devant ses compagnons de toujours ; ils sont encore nombreux ceux qui le suivent depuis 1928 ! Certains écrasent une larme lorsque le chef annonce qu'il ne se représentera pas au conseil général. Ils le savaient mais l'émotion est plus forte ; ce premier renoncement en annonce d'autres, involontaires et inéluctables. La fin d'une époque marquant pour beaucoup l'approche de la mort. Le roi est bref, le fils prend la parole, ce sera son unique discours en présence du roi. L'Héritier reçoit une ovation ; pour la première fois il entend monter vers lui la clameur de la foule, cette vague de bravos, de cris, de frénésie ; pour la première fois il se sent comme porté par la liesse, soulevé de terre, hissé au ciel du triomphe. Modeste certes, ce triomphe, face à un auditoire conquis d'avance, mais qu'importe, l'ivresse du succès roule en lui, le saisit à bras-le-corps, ivresse à nulle autre pareille, incomparable, mêlant la foi, la passion, le souffle d'hommes et de femmes conquis, transportés. Dès ce soir-là, Jacques sut pourquoi il était né, pourquoi il était fait : boire les hourras d'une assemblée en délire.

Le soir du 6 juin 1961, le roi attend tranquillement chez lui les résultats de l'élection de son fils. Vers minuit, Jacques lui rend visite, auréolé de sa première victoire, constellé du triomphe des urnes qui lui paraît le plus beau du monde. Le fils se jette dans les bras de son père.

« *J'ai pleuré sur son épaule : " C'est bien, c'est bien ", m'a dit papa, maintenant il faut travailler. Ce fut son seul compliment.* »

Un peu douché Jacques commence son travail d'élu par la base : remise de prix bouliste, apéritifs d'honneur, les mille et un riens obligatoires du quotidien que depuis tout-petit il avait vu son père accomplir avec une régularité jamais prise en défaut. Jacques n'a pas abandonné pour autant ses activités journalistiques. Au contraire, puisque dans la foulée de son élection, il crée *Flash,* un petit journal politique, bimensuel, qu'il écrit, met en page, corrige à lui seul. *Flash* est le premier maillon des divers organes de presse que Jacques Médecin dirigera ou patronnera. Un journal à lui ! Plus qu'un rêve de gosse, un plaisir intense. Si la politique va devenir pour lui l'essentiel, le journalisme demeurera toute son existence le lien à l'aventure, le ferment de l'autre lui-même, celui qui, sans la bifurcation de l'héritage paternel, aurait pu, peut-être, le mener sur le chemin de la célébrité.

Dans *Flash,* il exprime une agressivité toute nouvelle. Au fil des articles, il fonde son anti-gaullisme, sa hargne contre l'abandon de l'Algérie française. D'une adhésion aux valeurs du père : conservatisme et modération, porté plus par sa véhémence naturelle que par une réelle conscience politique, Jacques verse dans la symbolique de la France outragée. Nous sommes en plein conflit algérien, les clivages se durcissent, les fossés s'approfondissent, un climat de guerre civile larvée règne dans le pays. Le drame algérien, Nice le vit de plein fouet avec l'arrivée massive des Pieds-Noirs à la recherche sur le sol métropolitain de quelque chose qui ressemble à Là-bas. En quelques mois, les Niçois découvrent ces frères de la Méditerranée, au verbe haut, à l'accent terrifiant, malheureux mais fiers jusqu'à en devenir parfois imbus d'eux-mêmes. Les rapports dans la vie de tous les jours sont loin d'être élégiaques, on s'apostrophe, on s'affronte, on s'engueule. Pour les Pieds-Noirs, le cauchemar sera malgré tout moins pénible à Nice que partout ailleurs dans une France indifférente, revêche, peu amène, et encore moins hospitalière. Pour les rapatriés, le roi va oublier sa réserve, le vieil homme est ulcéré du sort que le gouvernement et le pays réservent à ces Français dépossédés de leur terre et de leur âme. Pour eux, il va livrer son combat sans doute le plus beau parce que le plus sincère, le plus spontané, le plus généreux aussi. Aux Pieds-Noirs il ouvre les portes, leur donne toute l'aide possible. Il les reçoit, lui qui depuis quelques années était devenu avare de rendez-vous les écoute. En cette occasion, et les Pieds-Noirs en conserveront un souvenir reconnaissant, il fit plus que son devoir.

Jacques, lui, s'emporte, vitupère. D'indignation en déclarations intempestives, le voilà classé à droite. Cette droite dont on le taxe, il la revendique, l'adopte, en fait son habit d'apparat par pure provocation. En vérité il la découvre, cette droite pure et dure, dans le même temps où il se dit à lui-même et proclame aux autres, qu'il lui appartient.

« *Je me suis rebellé contre le comportement d'un gouvernement qui avait pris le pouvoir en promettant de sauvegarder l'Algérie française et qui l'avait bradée d'une façon honteuse en condamnant plus d'un million de Français à un exode détestable. Je me suis rangé résolument du côté de ceux qui défendaient l'idée de l'Algérie française, par conviction mais aussi parce que je débutais en politique et qu'un homme politique ne doit jamais rester indifférent. Je ne suis jamais resté indifférent. J'ai toujours été un homme politique engagé. Et si un jour cet engagement doit me coûter ma carrière, tant pis, je ne fais pas de politique pour défendre un fauteuil. Je fais de la politique pour défendre des convictions et les faire triompher dans la mesure du possible.* »

Après avoir abandonné le conseil général, c'est au tour de l'Assemblée nationale. Médecin ne se présentera pas aux élections législatives de 1962. Nice et seulement Nice, le roi se moque du reste. Paris plus que jamais ne le concerne pas. De Paris et de ses jeunes loups gaullistes, le vieux roi ne veut plus en entendre parler. Aigri peut-être, mélancolique certainement d'assister à la fin d'un monde, ce monde de la IIIe République qui s'était perpétué avec quelques variantes à travers la IVe. Jacques est jeune, il possède de l'énergie à revendre, qu'il aille se battre. Mais 1962, c'est le raz de marée gaulliste, la grande vague UNR, Jacques tonitrue en vain, il sera vaincu par un gaulliste historique, Diomède Catroux, qui à l'occasion des élections avait loué un appartement à Cimiez. De Nice, il ne sait rien, qu'importe, il est le porte-étendard du Général, la Corrèze ou le Finistère auraient fait aussi bien l'affaire. Jacques n'ira donc pas siéger à la Chambre, pas encore. La défaite est dure à avaler. S'y serait-il mal pris ?

Plus grave, le nom de Médecin, Sésame infaillible, n'agirait-il plus ? Le roi Jean le rassure : cette élection est à part, ce n'est pas un homme qui a gagné mais un mythe. Pour l'emporter, il en aurait fallu un autre, de force comparable : sous-entendu lui-même. Jacques était trop tendre, trop jeune chien fou.

« *Le soir de ma défaite mon père m'a ouvert les bras, m'a tapé sur la nuque et m'a dit :*

— Je te félicite, tu t'es bien battu. »

Un an auparavant, un événement important avait eu lieu dans l'existence de Jacques Médecin : la découverte des Etats-Unis. Invité par United Press avec douze autres journalistes qui s'étaient fait particulièrement remarquer. Jacques était récompensé pour sa série de reportages sur la rupture du barrage de Malpasset. L'Amérique ! Il avait tout lu la concernant, Faulkner, Hemingway, Caldwell, dans le texte. Entre l'Amérique profonde et l'homme du Sud, c'est le coup de foudre, une passion jamais démentie. Il y avait eu l'Amérique de Glenn Miller, les soldats de la Libération. Cette fois-ci, se révèlent à lui le pays des pionniers, l'immensité des paysages, ce curieux mélange de tradition et de modernité qu'il ressent profondément. Il aime l'Amérique pour ce qu'elle est et tout autant pour ce qu'elle n'est pas. Sa réalité et sa capacité à faire rêver. Il en revient, des autoroutes, des Disneylands, des buildings de verre plein la tête. Il en revient bouillant d'impatience de secouer une France en charentaises à l'écoute béate de son Général. D'abord, pourquoi ne pas commencer par dépoussiérer la Riviéra, en faire une Californie flamboyante ! A la mer et au soleil, il suffirait d'ajouter l'an 2000 et un homme pour transformer le virtuel en réalité.

Cet homme, ce sera lui.

POUR abattre le roi, il fallait au moins un général de corps d'armée, un général qui fût niçois, un général gaulliste, bien sûr, un général héros de guerre. Louis Delfino réunissait toutes ces qualités ; né dans le quartier populaire de Riquier, il parlait le nissart, il avait combattu avec l'escadrille Normandie-Niémen, était décoré du Drapeau rouge par les Soviétiques, de la Légion d'honneur par le général de Gaulle lui-même, jeune encore : cinquante-trois ans en 1965. Cette fois-ci, on mettait le prix pour achever le roi déclinant. Les opposants résignés du médecinisme furent parcourus d'un frisson d'espoir, l'inamovible notable des temps honnis allait être balayé comme tant d'autres. *Le Monde* de ce 6 mars 1965 consacrait un article d'une page à la confrontation intitulée : « L'escadrille du général Delfino attaque le domaine du vieux seigneur. »

On le croit endormi, dépassé, perdu. Au contraire, cette bataille, il l'attend, il la veut définitive ; écraser l'ennemi et partir à jamais en beauté. Réduire à néant les ambitions de ceux décidés à s'octroyer la cité. Le roi avec son sens prophétique sait bien que s'il gagne en ce mois de mars, s'il gagne amplement, les adversaires ne seront pas prêts de s'en remettre, et que cette victoire, la dernière, ouvre en grand la succession pour son fils. Il le sait mais il n'en dira rien, pas même à Jacques. Pour ce fils sur lequel il a finalement décidé de parier, il va se battre comme jamais, parcourir la ville, de préaux d'école en arrière-salles de café. Malgré la douleur qui le tenaille, il retrouve l'énergie, l'envie de gagner qui était les siennes en 1928.

De nombreux éléments rappellent cette première campagne légendaire ; sa violence, le fait que deux vrais Niçois s'opposent : Louis Delfino est le fils d'une veuve de la guerre 14-18 cigarière à la manufacture des tabacs de la rue Barla. Deux Niçois d'envergure historique.

« Petit Louis », c'est ainsi qu'on appelait dans sa jeunesse le futur général, constitue une liste brillante où se retrouve toute la nomenclature gaulliste de la ville, des députés, des décideurs économiques, des directeurs de grandes firmes, la fine fleur du monde des affaires, le *nec plus ultra* de la technocratie triomphante. Petit Louis soutenu, encouragé, guidé, surveillé par toute une armada de conseillers politiques attaque avec férocité. Ne faut-il pas faire oublier qu'il fut l'ami du roi ? « Son rêve [à Jean Médecin] : ramener Nice à l'an 1860. Sa solution pour la circulation : vendez votre voiture. » Reproche non seulement injustifié mais absurde quand on sait les efforts du monarque pour décongestionner la circulation, efforts en partie récompensés avec la création de l'autoroute urbaine dont le financement fut dans sa quasi-totalité à la charge de la municipalité. Le « jeune » Delfino reproche son âge à Jean Médecin, soixante-quatorze ans ! En réponse, le vieux laisse tomber du coin des lèvres : « Je suis né le 2 décembre 1890, cela fait toujours dix jours de moins que le général de Gaulle. » Car il contre-attaque, *lou mere ;* dépliant sa carcasse voûtée, il tient réunion sur réunion, mettant les rieurs de son côté, contredisant les affirmations de ses adversaires point par point, avec dérision, avec humour. Donnant l'impression d'un vieux monsieur assistant aux jeux puérils d'enfants turbulents. Que son fauteuil soit en péril paraît si ridicule qu'il préfère s'en amuser avec parfois une pointe de méchanceté bien balancée : « J'ai peut-être joué la difficulté, à moins que je ne représente encore une force. On doit le penser puisqu'on a envoyé contre moi un préfet, un général, trois députés, la télévision [Jean Médecin ne passait jamais à la télévision régionale] et les fonds secrets. »

Le système Médecin assoupi depuis quelques années se réveille, la permanence redevient une ruche : nuit et jour, on affiche ; nuit et jour, les agents électoraux parcourent les rues et les cafés, rameutant les hésitants, rappelant aux oublieux les services rendus, prêts à en rendre de nouveaux si nécessaire. On visite les hospices, les hôpitaux, les couvents. Ils sont cent, ils sont mille à marteler : « Médecin... Médecin... » sur l'enclume de résonance de la ville. Le vent qui avait failli tourner retrouve la bonne route. Tête nue, visage creusé, un espace de respect autour de lui, le roi Jean reprend contact avec son peuple, il parcourt les marchés, pénètre chez les commerçants, serre une main, caresse la tête d'un enfant. Il ne dit pas « Votez pour moi », il ne dit rien, il passe, encore de ce monde, déjà d'un autre.

Ses hommes, ses spadassins, ses chevaliers plus ou moins preux se déploient en ordre de marche et de combat. Le connétable Raoul Bosio en jubile encore :

« Le dernier jour nous avions cent cinq voitures avec quatre hommes par véhicules qui parcouraient la ville, nous étions reliés par radio. On jonglait avec la police qui nous pistait. Les équipes de Delfino, on rentrait dedans à mains nues. Le service des urgences de l'hôpital n'a pas chômé cette nuit-là ! »

Le 14 mars 1965 fut un jour de gloire pour le vieux seigneur. Sur 166 483 inscrits, 123 182 suffrages exprimés, Jean Médecin obtenait 66 160 voix : 54 % des suffrages. Delfino et les gaullistes, avec un peu plus de 26 000 voix, traînaient la patte derrière les communistes de Virgile Barel. Les raisons de cette victoire sans appel ? La maladresse agressive du général de brigade, le poids de vote pied-noir entièrement acquis à Médecin, enfin et surtout la magie du vieux lion. Calfeutré dans sa permanence, Delfino voit s'afficher avec consternation les résultats. Partout il est devancé, même dans les bureaux de vote du quartier de son enfance, Barla et Riquier. « *Lou man facie aquo finda a Barla* » (Ils m'ont fait ça aussi à Barla), susurre-t-il effondré.

Oraison de Jean Icart qui participa à la campagne du général : « Il est venu, il est reparti. »

Neuf mois plus tard, Jean Médecin quittait la scène, laissant à l'Héritier, non seulement le soin de lui succéder, mais aussi et surtout, de relever le pari d'une relation amoureuse intacte entre un homme et une ville.

Deuxième partie

L'HÉRITIER

LES premiers mois de la succession constituent un round d'observation. D'un côté, le jeune champion victorieux, encore hésitant, englué dans les structures mises en place par son père, entouré, choyé par les barons du régime, prisonnier aussi. De l'autre, attentistes et sceptiques, les opposants qui guettent les bourdes, les premiers faux pas meurtriers. Dès le départ se dresse contre l'Héritier un clan constitué d'une partie de l'intelligentsia niçoise que les manières, le franc-parler de Jacques choquent. Se mêle à ce dédain, pour la bourgeoisie gaulliste, la déception de n'avoir pas réussi la conquête du pouvoir. Le fils débute son règne avec une bonne cote d'amour dans la population, mais aussi avec contre lui un conglomérat d'ennemis irréductibles qui ne désarmeront jamais.

Jacques ne fera rien pour les faire changer d'avis. Une fois élu, installé dans le fauteuil du père, le fils ne gomme rien de son tempérament, l'affirmant au contraire. Immédiatement il installe avec ses collaborateurs un style direct à l'américaine : on déballe les problèmes et on voit comment les régler ; au passage, on bouscule des habitudes, on réveille quelques fonctionnaires endormis près des radiateurs depuis des dizaines d'années. L'effervescence saisit les couloirs de l'hôtel de ville. A part les éternels ronchons, le personnel est séduit par ce maire souriant, entreprenant, travailleur. Dynamique est le mot à la mode qu'on emploie à son sujet. Jeune et dynamique. Deux définitions que le nouveau maire adopte avec empressement. Il veut faire bouger les choses, gérer l'acquis ne l'intéresse pas. Si Jean Médecin fut un seigneur du XIXe siècle, lui sera un pionnier du XXIe. Il n'a pas oublié l'expérience américaine, loin de là. Dès l'été 1966, Jacques donne son aval à un grand parc d'attraction : Astérix. Astérix se révèlera le Disneyland du pauvre, un ratage complet. Les adversaires politiques mais aussi pas mal de conservateurs pour qui changer est un crime ont beau jeu : « Où Jacques nous entraîne-t-il ? » « Folie des grandeurs ! s'exclame-t-on, un parc d'attractions pour quoi faire ?... »

« *J'avais vingt-cinq ans d'avance, les parcs d'attractions sont aujourd'hui des succès partout. J'ai eu tort peut-être de croire à quelque chose d'aussi audacieux, un quart de siècle trop tôt. Aux Etats-Unis, en Angleterre, en Allemagne, même en Italie, on dirait : " Ce fut un échec peut-être, mais il avait raison. " En France, il existe cette mentalité cagote qui fait que dès que l'on entreprend quelque chose, on vous considère comme un aventurier dangereux qui prend des risques avec l'argent du contribuable. En 1966, Astérix a échoué parce que le public n'était pas mûr. N'empêche, c'était culotté de ma part de le tenter. On devrait me féliciter d'avoir eu raison avant tous les autres. Pas du tout. " Il a commencé son mandat, ricane-t-on, par un bide retentissant. "* »

Arrêtons l'image sur ces années 1966-1968 : Jacques impétueux, débordant de projets, veut transformer Nice en métropole, en faire une capitale du tertiaire. Tertiaire, il aime bien ce genre d'expression s'en régale. Il existe chez lui une capacité énorme à entreprendre, à mémoriser, à visionner l'avenir. Un souffle qui pourrait le porter aux plus hautes fonctions, envisager des postes ministériels. Il lui suffit de bien gérer son destin. Or cela, Jacques

Médecin en est bien incapable. Chez lui, l'homme avec ses défauts, ses imprudences, son caractère exubérant ne s'efface jamais devant la nécessité politique. Nanti de la prudence de son père, de son sens du secret, de sa malignité politicienne associés à ses propres qualités, l'Héritier aurait bénéficié d'une trajectoire rare.

Jacques cultive la bravade, la déclaration à l'emporte-pièce. Dans la société bloquée de la fin des années soixante soumise à l'emprise du gaullisme, il se répand en déclarations venimeuses sur le Général. Cyrano provocateur, il brandit l'épée de la révolte, l'étendard de la désobéissance. Gaminerie tant qu'il n'était que le fils du maire de Nice, propos carrément séditieux désormais qu'il occupe des fonctions officielles. On lui en veut et pas seulement dans les cercles bien-pensants niçois mais aussi à Paris où de multiples âmes charitables ont rapporté ses tirades dans les ministères. On lui conseille de se taire, il redouble, investi déjà de ce sentiment d'impunité qui lui sera fatal. Résultat : Jacques tempête dans son réduit niçois, fier de ses saillies tandis qu'il se met à dos l'éternel et éternellement puissant establishment parisien.

« *Au début certain me jalousaient, se plaignaient de l'instauration d'une dynastie Médecin. Bon, ceux-là, il a bien fallu qu'ils s'y fassent. Mais surtout, il y avait les peureux pour qui j'étais trop anti-gaulliste, ces trouillards sont venus me dire : " Mais enfin, pourquoi ne faites-vous pas comme les Corses, radicaux quand les radicaux sont au pouvoir, gaullistes quand les gaullistes y sont, et socialistes si demain ils y parviennent ? " Moi, j'estime que les hommes politiques qui se font élire sur des idées et ne se battent pas pour elles une fois élus sont des veules et des pleutres.* »

Impudence d'un jeune potentat sudiste entouré d'une « mafia de margoulins », l'image associant l'arrogance d'un maire iconoclaste cerné de « mafiosi » galope, caracole. Deux caractéristiques vont servir à formuler et visualiser dès les débuts la notion d'un Jacques Médecin

« voyou ». Première caractéristique épidermique, le physique lui-même du nouveau maire : moustache noire, sourcils épais, traits latins plutôt lourds, carrure de camionneur méditerranéen, mains velues ; deuxième caractéristique, elle est brève et sans appel : Médecin est niçois, autrement dit évoque un magma composite d'idées toutes faites, de clichés prêts à l'emploi, fonds rampant du racisme ordinaire. Niçois égale croupier, casino, jeux de boules, maquereaux, gigolos, les termes passe-partout du Nord contre le Sud, de Marseille à Nice, de Nice à Naples. Certains journalistes amateurs de sauce vite faite, vite prise, font monter la mayonnaise. Ce Médecin-là n'existerait pas, il faudrait l'inventer. Caricatural à l'excès, extraverti, sûr de lui : isolé dans son Midi, sans appuis, il n'appartient à aucun clan, chapelle, société plus ou moins secrète, pas même à un parti. Aucun danger !

Dans la capitale azuréenne pourtant, le pacte d'amour avec les Niçois, signé début 1966, se fortifie. L'homme plaît, les qualités du père plus le goût d'entreprendre de la jeunesse. On le voit partout, aux inaugurations, aux vernissages, aux gâteaux des rois, aux fêtes scolaires, chaleureux, entretenant des rapports filiaux avec les anciens supporters du vieux seigneur, les serrant dans ses bras, les interpellant en nissart, reconnaissant les uns, les autres. Jacques se fait un prénom, déployant toute la gamme de ses atouts : bagou monstre, énergie infatigable. L'idylle se transforme en passion tant et si bien qu'en 1967 il balaie aux élections législatives celui qui l'avait battu en 1962, ce Diomède Catroux qui ne se rappelle l'existence de Nice que pour venir s'y faire élire. Maire, conseiller général et maintenant député : en deux ans le fils de Jean a entièrement reconquis les territoires du père.

Deux années où il n'a pas chômé. Debout dès six heures

du matin dans sa villa du Soubran plongée dans la nuit et le silence. Puis c'est la traversée de la ville, avec ses rues vides encore tout humides de l'arrosage municipal. Les grilles de la mairie sont fermées, mais ils sont déjà là, solitaires ou par petits groupes, les modestes, les humbles, tous ceux qui n'osent pas demander un rendez-vous. Ils connaissent son rituel matinal, ils savent qu'ici ils pourront lui glisser un mot, une lettre. Dans le jour qui se lève, pour quelques instants, le maire joue au confesseur, au psychologue. Il ne s'agit de rien d'autre que de donner l'espoir. Un mot, une phrase suffisent.

Le début de la matinée est réservé aux chefs de service. Si, dans les premiers temps, Jacques nageait un peu, maintenant il jongle, tranche, décide. Un peu estomaqués, les responsables s'en retournent dans leur bureau : « Comment était-il ce matin ? » leur demande-t-on... « En pleine forme, le bougre », répondent-ils en se laissant choir. La seconde partie de la matinée est réservée aux rendez-vous. Vers onze heures et demie, sonne l'heure des réceptions et des apéritifs d'honneur, le moment des grandes allocutions et des poignées de mains. Treize heures, le banquet obligatoire, le déjeuner professionnel. Le repas est avalé sans trop savoir ce qui a été servi... Dès quatorze heures, retour à la mairie et re-rendez-vous jusqu'à dix-sept heures. Lorsque le maire quitte l'hôtel de ville, la journée prend son second souffle : visites aux chantiers, manifestations à la Chambre de commerce, colloques à la salle Bréa, réunions à la préfecture. Heures terribles des phraseurs spécialisés. Imperturbable, Jacques écoute, ingurgite, puis intervient un petit papier à la main, juste pour mémoire car très rapidement il se lance à son tour dans une envolée lyrico-philosophico-politique. On l'écoute, éblouis, étourdis, admiratifs pour la plupart, agacés pour quelques-uns, irréductibles à son style. Lorsque ne sont prévus ni visites de chantiers, ni colloques, ni réunions (certains jours accablants, il y a cumul), la fin d'après-midi est consacrée aux réceptions à la villa Masséna, au Comité des fêtes, re-discours, re-poignées de mains. Un peu comme le matin à sept heures, mais dans un tout autre domaine : il faut écouter les doléances des mondaines et des mondains. Généralement, la soirée s'achève par un dîner-débat. L'Héritier ne regagne Gairaut que bien après minuit pas même épuisé, repu et satisfait. Le samedi, jour des mariages et des congrès, termine la semaine en beauté. Les matinées du dimanche sont réservées aux redoutables apéritifs dont le nombre peut varier entre trente et quarante, nécessitant la mobilisation de tout le conseil municipal. Jacques se réserve les plus importants par ordre décroissant. Ouf ! L'après-midi, il y aura bien encore quelques goûters, quelques remises de coupes sportives... Le dimanche soir ? Ah ! le dimanche soir, l'Héritier s'adonne à son plaisir favori, la cuisine. Depuis l'époque de la soupe d'artichauts, il s'est perfectionné. Mais cette cuisine qu'il prépare avec amour pour ses amis complète le tableau noir des symboles. « La salade niçoise » mitonnée par Médecin va faire florès à la une des canards.

Mai 68 surprit complètement la Côte d'Azur, le climat des barricades passait mal sous le soleil. Les étudiants occupèrent tout ce qu'il y avait à occuper, puis on attendit. Vint alors la récupération syndicale, et la région, comme le reste de la France, fut paralysée. Grève générale, c'est tout juste si on enterrait les morts. Les couloirs de la mairie n'avaient jamais été si déserts, ni en 1936, ni durant la dernière guerre. Tous les matins, les employés municipaux se retrouvaient sous les portiques du cours Saleya pour voter à main levée la continuité ou non de la grève. De cette « chienlit », l'Héritier n'était pas mécontent, il y voyait enfin la chute du régime gaulliste. Au fronton de l'hôtel de ville flottait le drapeau niçois et lui seul. Du don de leur personne, pour sauver la situation, par Pierre Mendès France et François Mitterrand, Jacques Médecin ne dit rien officiellement ; en privé il approuvait plutôt. A l'époque, le centre de Jean Lecanuet auquel il était apparenté se situait résolument dans l'opposition. La reprise en main gaulliste avec le grand rassemblement des Champs-Elysées mit un terme à la « Révolution » et aux espoirs politiques de ceux que l'UNR traitait de rescapés de la IVe République.

De nouvelles élections législatives sont organisées, élections qui portent à la Chambre un véritable raz de marée gaulliste. Plus que jamais Jacques se retrouve seul, dans une situation que même son père n'a pas connue. Partout les opposants sont balayés... Jacques, le pestiféré, résiste. Combat solitaire contre la gauche, contre les gaullistes, contre tout le monde y compris la télévision d'Etat et le silence menaçant de *Nice-Matin.* Son adversaire : un superbe godillot, du nom de Jean Cerez, envoyé en commando par l'UNR. On espère que l'étiquette suffira. L'individu, sans envergure, bénéficie comme d'habitude du soutien de la préfecture et de la bienveillance du quotidien local. Dans les états-majors parisiens, on pense que Médecin ne passera pas le cap de ces élections pas comme les autres, sorte de revanche par les urnes de la majorité profonde bafouée pendant des semaines ; électorat bourgeois qui, on l'espère, va enfin se détourner des Médecin dont le fils fait figure de traître. Des tracts le rappellent à la population : Médecin y est accusé d'avoir voté la motion de censure déposée par les communistes contre le gouvernement Pompidou, « Médecin qui veut donner des leçons est resté passif à l'heure du péril. Il est coupable de non-assistance à patrie en danger ».

Pas moins !

L'heure n'est plus aux subtilités. Sur un second tract sous le tire « Le nom ne fait pas l'homme », c'est la différence entre père et fils qui est soulignée et à travers elle l'illégitimité de l'héritage : « il le trahit », « supercherie malhonnête », « escroquerie morale » sont les termes employés pour démontrer le mauvais usage que fait Jacques du prestige de son père. Puis on s'en prend à la gestion municipale, toujours par voie de tracts et d'affichettes. Un conseiller municipal anonyme s'exprime : « ... Ce qui m'inquiète le plus, ce sont les affaires financières de la mairie sur lesquelles on ne nous dit jamais la vérité. On nous cache le fond du problème. »

Enfin, sur un quatrième libellé, on se croirait, par un bond en avant dans le temps, vingt-cinq ans plus tard. Qu'on en juge. Sous le titre « Un mauvais maire peut-il faire un bon député ? », on peut lire les expressions suivantes : « hors la loi », « prébendier régulier ou occasionnel de l'assiette au beurre municipale », « devrait rendre des comptes à la justice pour la gestion du syndicat d'initiative », et enfin allusion au parc d'attractions Astérix : « La société ayant déposé son bilan a construit son village sur un terrain municipal », « nous apprenons que Jacques la fatalité, passant du bluff à l'humour noir, songerait à organiser un grand congrès international des illusionnistes professionnels à Astérix village ».

Nous sommes en juin 1968. Jacques Médecin est maire de Nice depuis deux ans à peine et tous les éléments de la tragique comédie future sont déjà là à l'évidence ou sous-jacents.

La légende noire s'est dès cette époque emparée de l'Héritier, elle ne fera que s'amplifier, se fortifier s'épanouir jusqu'à l'explosion finale.

Fort de sa victoire sur le candidat gaulliste, au faîte de sa gloire populaire, Jacques Médecin, au seuil des années soixante-dix, va commencer, par-ci par-là, à laisser couver quelques braises par négligence et surtout par la fascination ressentie pour certains hommes qui se profilent dans son entourage.

Parmi ceux-ci, premier en date : un diabétique corse marseillais à la voix rauque et douce âgé d'une soixantaine d'années, Jean Mattéi. Au cours d'une vie bien remplie, Mattéi a tâté d'un peu de tout, organisateur de spectacles, imprimeur, mais sa véritable vocation, son sacerdoce le conduit à se mettre au service d'hommes politiques. A Marseille, à côté des Sabiani et autres, il a prouvé ses talents d'éminence grise. A l'époque où Jacques fait sa connaissance, Jean Mattéi est un homme distingué, chaleureux et hautain comme peuvent parfois l'être les Corses, sorte de baroudeur retraité à la recherche d'un abri pour ses vieux jours. Cet abri, il croit l'avoir trouvé auprès de ce jeune tendron en politique, bourré d'utopies, au caractère inflammable, avide d'histoires de hors-la-loi rossant les gendarmes. Un gogo ? Non, Mattéi croit au destin de Médecin, à condition que celui-ci l'écoute bien entendu. Médecin sera la locomotive, le taureau, le bulldozer tandis que lui, dans l'ombre, un pastis dans une main, une piqûre d'insuline dans l'autre dirigera la manœuvre. Beau parleur, mine d'anecdotes dont la vraisemblance est invérifiable, Mattéi séduit le maire. Il n'en fait pas pour autant son conseiller politique. Le Corse joue à ses côtés le rôle d'un conteur des une et mille perfidies politiques, plutôt que celui d'un véritable maître en machiavélisme. Pourtant, il va tenter et réussir un coup. A l'annonce par de Gaulle d'un référendum concernant la réforme régionale et le Sénat, Mattéi propose à Jacques l'idée d'un tour de France du Non. Seize villes visitées, six mille kilomètres, l'occasion pour Jacques Médecin de se faire connaître sur le plan national. Le Corse croit en un Médecin relève du gaullisme à bout de souffle, malgré sa dernière victoire électorale, Médecin homme neuf, centriste de combat. Alors pourquoi pas ? Mattéi, c'est son rôle, tire des plans sur la comète. Le voilà à la tête de l'organisation du « Médecin in tour », un sacré boulot : assurer les étapes, préparer les meetings, veiller à la sécurité... Le Corse ne néglige rien, les restaurants sont retenus à l'avance — les meilleurs, Mattéi est un gourmet —, les chambres d'hôtel dans les quatre-étoiles. Une aventure pareille, Jacques ne pouvait la refuser. De toute façon, ce sera l'occasion pour lui de rencontrer les grands maires opposants au régime : les Dubedout à Grenoble, les Pradel à Lyon, les Durafour à Saint-Etienne, les Duffaut en Avignon...

Font partie de la caravane quelques-uns des membres de l'entourage qui vont jouer un rôle important par la suite, les voici réunis pour la première fois : Jean-Paul

Claustre, Max Gilli, confident et homme à tout faire du *mestre*, et même Bébert le phootgraphe pied-noir, chargé d'immortaliser chaque pas, chaque geste du « Patron », sans compter les gardes du corps que Mattéi a fait venir spécialement de l'île de Beauté. Ce rassemblement hétéroclite prend la route, mi-branquignols, mi-parade à l'américaine. L'arrivée des Niçois ne passe pas inaperçue : il suffit de surprendre l'air pincé des notables lyonnais ou grenoblois devant cette cohorte bruyante, un peu trop bronzée. Néanmoins Jacques est reçu avec empressement, on le félicite de cette initiative inattendue et courageuse. Chaque soir, entouré des notables de la région, il parle devant des assemblées fournies. Dans les villes du Sud, Marseille, Toulon, c'est le triomphe. Partout la presse mentionne son passage avec de nombreux extraits de ses allocutions. Discours charpentés, développant un véritable réquisitoire contre dix années de gaullisme, parsemés de chiffres, de statistiques, de mises en garde, de cris d'alarme et de formules lapidaires dues à l'imaginaire de Jean Mattéi : « On ne sait plus si ce sont les grèves qui maintiennent le régime en vie, ou le régime qui engendre ces grèves », « L'heure approche où va nous être présentée la redoutable addition d'un festin auquel nous n'avons pas participé », avec en conclusion l'imparable : « Non au Oui. »

Le dimanche 27 avril, le Non l'emporte. Dans une certaine mesure, Jacques Médecin a contribué à l'échec du référendum et au départ du général de Gaulle. Mattéi jubile, l'Héritier se sent soulagé de toutes les humiliations subies par son père et lui-même. C'est un beau soir de printemps, début d'une ère nouvelle.

La victoire de Georges Pompidou aux élections présidentielles réduit à néant le projet de destin national pour Jacques Médecin. Mattéi, après deux ou trois autres projets farfelus, va d'ailleurs assez rapidement disparaître de l'entourage. Ils sont si nombreux à se presser contre la porte, à pousser pour qu'elle s'ouvre plus grand, toujours plus large, si nombreux à flatter le goût du Prince pour les opérations de prestige, les plans subtils de démarquage politique, si nombreux pour brosser dans le sens du poil, si nombreux à proclamer son infaillibilité et son génie.

« Il était entouré de courtisans habiles, raconte Pierre Médecin. Ils avaient une brosse à reluire dans chaque main, de façon que si l'une tombait en panne, ils pouvaient continuer à œuvrer avec l'autre. Tous se bousculaient avec des idées qui soi-disant allaient faire parler de Nice, toutes coûtant des fortunes, évidemment. Jacques en rejetait beaucoup, mais parfois il en retenait une, comme ça, sur un coup de cœur, par emballement, sans la passer au crible de la raison. Cette absence de prudence était l'un des graves problèmes de mon frère. »

Parmi cette faune, Jean-Paul Claustre tranchait par son savoir-faire jamais pris au dépourvu. De lui on disait : c'est un charmeur. Physique de don juan des années quarante, moustache à la Eroll Flynn, yeux de braise, sourire enjôleur, voix suave, savamment modulée, tout comme son rire de carnassier faisant patte de velours. Le beau Jean-Paul, d'une phrase, d'une tape dans la main à la manière pied-noir, de son sourire d'enfant capricieux mais si adorable, pouvait tout obtenir : de l'argent, des femmes, des affaires. Cette « innocence » qui lui servait à conquérir désarmait ses interlocuteurs, les plus remontés contre lui comme les plus avertis. Venant d'Algérie où il avait fait ses premières armes dans le journalisme, Jean-Paul avait travaillé à Nice, à la télévision régionale où son passage avait été remarqué, laissant derrière lui le souvenir d'un séducteur de talent. En mai 1968, lors de la grande purge, Claustre fit partie des licenciés pour mauvais esprit, dit-on.

Quoi qu'il en soit, il se retrouva rapidement dirigeant le

service de presse de la mairie, un tout nouveau service où Jacques s'enticha de lui. Chez Jean-Paul, il appréciait le charme, l'aisance en toute occasion, les plaisanteries qui le faisaient rire, le profil de gagneur jamais gêné aux entournures. Jean-Paul n'avait pas que des défauts; aujourd'hui, on dirait que c'est un communicateur talentueux. Jacques pouvait lui demander le ciel et la lune : dans le quart d'heure qui suivait Jean-Paul se débrouillait pour les lui amener ou, mieux encore, revenant les mains vides, il faisait en sorte que ce vide parût plein ! L'Héritier adorait les illusionnistes, en eux il lisait comme dans un miroir grossissant ses propres tendances tenues en laisse par l'éducation et la fonction. Il voulait être aimé, admiré, que son intelligence brillante, son charisme flamboyant, cette générosité de vie qui bouillait en lui soit reflétée à l'infini par ses proches. Jean-Paul était un excellent et puissant réflecteur. Dès le début de leur relation, il comprit qu'il obtiendrait tout de cet homme naïf, au cœur trop gros, en l'enveloppant dans une spirale de compliments judicieusement distillés pour paraître l'évidence. Ses armes furent l'humour, la disponibilité et l'absence de scrupules. En sa compagnie, Jacques rajeunissait, il redevenait le jeune premier d'un film de série B, entouré de jolies jeunes femmes peu farouches. Jean-Paul mit la haute main sur les rares loisirs du patron; rares, par conséquent précieux. Premier étranger qui plus est, pied-noir, Claustre fit tache dans l'environnement médeciniste de l'époque, mais sa force de conviction était si pressante, si enrobante, si affectueuse, que rares, du moins dans les premiers temps, furent ceux qui le rejetèrent spontanément. Homme clé du système Médecin, qu'en pensait le patron lui-même une fois leur divorce consommé ?

« *Jean-Paul a fait des conneries sous mon aile ; d'ailleurs, un jour je le lui ai dit. J'ai tout tenté pour l'aider lorsqu'il se retrouva dans l'ornière, mais je sais qu'il m'en veut beaucoup parce qu'il estime que je n'ai rien fait pour lui. Tant pis. Claustre possédait des qualités, il avait la confiance des gens, le sens de la diplomatie, beaucoup de charme, intelligent dans la mesure où il n'allait pas au-delà de ce que je l'autorisais à faire. Du jour où je lui ai laissé la bride sur le cou, notamment au comité des fêtes, il a commencé à dépasser les limites. Une fois maire de Draguignan, il est devenu fou. Jean-Paul était un merveilleux second mais il n'était pas armé pour être un leader. Voilà, c'est tout. Mais peut-on me tenir rigueur de l'avoir aidé quand je le pouvais ?* »

Effectivement le Patron soutint Claustre, beaucoup trop longtemps pensèrent ceux qui l'avaient alerté. Mais Jacques, selon son habitude, n'écouta pas les oiseaux de mauvais augure. Or ceux qui disaient du mal de ses amis se transformaient automatiquement en pisse-vinaigre, en rabat-joie, en meurtriers de la confiance.

Geneviève Médecin conserve le souvenir du bon vieux M. Vaglio, ami de la famille Médecin, directeur du comité des fêtes depuis des lustres, nommé là par le roi, homme modeste et de vertu, complètement effondré lors d'une visite au château :

« Il avait appris quelque temps auparavant qu'on pensait à Jean-Paul Claustre pour le remplacer au comité des fêtes [Vaglio était atteint par la limite d'âge]. Immédiatement il avait demandé rendez-vous à mon frère pour lui donner quelques éclaircissements sur le personnage. " Tu sais, lui dit-il [Vaglio avait connu Jacques gamin], Claustre a une très mauvaise réputation. De notoriété publique, c'est quelqu'un à qui l'on ne peut faire confiance. " Jacques lui répondit assez fraîchement qu'il n'écoutait jamais les ragots. Vaglio s'inclina. Lorsqu'il vit arriver Claustre, il lui proposa de rester avec lui quelques semaines, le temps de le mettre au courant du fonctionnement du comité. L'autre lui répondit : " De toute façon je vais tout changer ici ; dès que vous aurez expédié les dernières affaires courantes, partez... " »

Geneviève se tait, puis après quelques instants ajoute : « Claustre avait essaimé. Depuis " ils " ont fait pire... »

LES élections municipales de 1971 voient naître le slogan : « Nice-Médecin ». Ce qui au départ n'était qu'une formule va vite devenir une profession de foi, l'amalgame final d'un processus entamé avec « Jean de Nice ». Modernité oblige, le trait raccourci ne laisse subsister que deux noms : celui d'une ville et d'un homme. Ce début des années soixante-dix marque la toute-puissance de l'Héritier, sans contestation réelle. La ville se transforme, on abat le vieil hôtel Ruhl pour construire un casino et un complexe hôtelier à la place. En plein cœur de la ville, un centre commercial est envisagé sur les terrains laissés par la démolition des immeubles vétustes des hospices de la Charité. On parle d'un palais des congrès, d'un nouveau port de plaisance. Sa Californie française, le long de la Baie des Anges, Médecin y croit toujours, il la voit qui se profile. L'Héritier bouge, voyage, il revient à chaque fois avec des dizaines d'idées qu'immédiatement il voudrait voir adopter. Il rue dans les brancards d'un conseil municipal entièrement à sa botte, mais dépourvu de toute initiative, tétanisé pourrait-on dire par la personnalité de son patron. Lui vit avec dix, quinze ans d'avance, eux sont repliés sur leur traintrain, leurs habitudes, leur routine. Médecin les éblouit par ses connaissances, sa faculté de parler de tout avec brio. Ils ne sont pas les seuls : les journalistes du monde entier qui commencent à redécouvrir ce vieux coin de Riviéra oublié et croient-ils vermoulu, n'en reviennent pas. Même les plus réticents sortent ébaudis de leur entretien avec ce maire qui parfois, durant plus d'une heure d'horloge, leur a parlé successivement d'architecture moderne, de la climatisation des automobiles au Koweït, des derniers perfectionnements de la miniaturisation au Japon, de la pêche au saumon en Irlande, sans oublier l'avenir de la Côte d'Azur et de sa capitale, avenir technico-touristique, il en est persuadé. Ce qui, à l'époque, n'était pas une évidence. Le premier il évoque le tourisme d'affaires, les charters, les voyagistes... Incroyable langage qui déconcerte et déstabilise la plupart de ses interlocuteurs.

L'Héritier veut aller vite, on lui reproche cette précipitation, cette boulimie de créations. Ils sont nombreux les récitents à vouloir mettre des freins. Paradoxalement, on lui reproche de se lancer dans des opérations comme celle du Ruhl et dans le même temps de ne pas en venir à bout rapidement. Imbroglios juridiques, lenteurs administratives ; dans son désir de faire vite et selon son idée, Médecin oublie qu'une ville en France ne se gère pas comme une affaire privée. Il a beau dire qu'il est le manager de la plus grosse entreprise du département (trois mille employés), non seulement les bastilles sont toujours là, mais de surcroît, à son encontre, elles se verrouillent encore un peu plus. Cela ne l'empêche pas de foncer, et au bout du compte de gagner. Alors la rumeur maligne l'accuse de « s'en mettre dans la poche », accusation gratuite ne reposant que sur la méfiance, l'incapacité d'imaginer que le premier magistrat d'une ville puisse fréquenter des hommes d'affaires sans au passage négocier ses propres intérêts. Pour les médisants, les chantiers qui vont faire de Nice ce qu'elle est aujourd'hui ne sont que des couvertures. Une jalousie morbide s'empare de quelques esprits médiocres, cachant leur petitesse sous l'apparence offusquée de la morale bien-pensante. La moindre initiative, surtout si elle se présente sous les apparences de la nouveauté, soulève leur haine. Ainsi les parcmètres, automatiquement, deviennent des tire-lire pour Médecin à travers Claude sa femme, soi-disant actionnaire de la société qui les gère. A la lumière des événements actuels, les esprits chagrins d'alors pourront arguer qu'ils avaient raison de voir clair avant tout le monde. Ce à quoi on pourra rétorquer qu'effectivement Jacques Médecin, en une certaine mesure et sur quelques points, a fini par ressembler pour des raisons que nous étudierons plus tard au portrait caricatural que dressaient de lui ses éternels juges.

Tourbillon, vertige, valse à mille facettes et mille temps du pouvoir ; pendant que Jacques danse, Claude calfeutrée au Soubran prend ses distances. Anne-Laure, la seconde fille du couple est née en 1968. Martine, l'aînée, adolescente au sale caractère, se heurte souvent avec sa mère.

« Elle n'a pas mon caractère ni celui de son père, constate Claude [entretien réalisé en 1973], elle a sa personnalité, beaucoup de personnalité. De toute façon, la maison est suffisamment grande pour que chacun puisse s'isoler et faire la tête tranquillement, sans gêner les autres. A son âge, j'avais déjà pris mes résolutions. Je pense qu'elle est capable d'en faire autant. [...] Elle est au courant de suffisamment de choses. Par exemple, elle s'intéresse beaucoup plus à la politique que moi. La politique mais aussi le football; moi au foot j'y suis allée deux fois : la première j'attendais Martine, la seconde Anne-Laure ! »

La cassure n'est encore qu'une fêlure. Claude se recroqueville sur ses conserves de tomates du jardin, ses confitures d'oranges, entourée de sept chiens et d'une dizaine de chats. Le tourbillon, elle le considère depuis son belvédère de Gairaut d'où elle découvre la ville et plus loin encore la mer au ciel mélangée. Claude fuit...

« C'est mon époux, l'homme public ; moi, je n'ai rien à y

voir. Evidemment je pourrais avoir une vie beaucoup plus active, ne serait-ce que sur le plan politique, mais franchement ce n'est pas dans mon caractère. [...] Attention, je ne joue pas à la femme arrivée qui regrette le temps des vaches maigres. Pas du tout. Je sais ce que mon mari m'apporte comme protection. J'en suis parfaitement consciente. Simplement je veux dire que si mon mari était resté dans le journalisme, cela n'aurait fait aucune différence. Ma vie actuelle me satisfait dans la mesure où elle le satisfait. Je suis ravie pour lui. Mais en ce qui me concerne, s'il ne faisait pas de politique, je serais tout aussi heureuse. [...] Je me dis souvent qu'un jour, il peut se passer des événements inattendus et qu'alors nous soyons obligés de nous installer ailleurs, dans le centre de la France par exemple. Je n'en serais pas malheureuse. Comme beaucoup de provinciaux, mon mari et moi nous nous sommes rencontrés dans la capitale. [...] De cette époque, je conserve le meilleur souvenir, oui vraiment. Nos amis les plus chers datent de ce moment-là, de la vie de bohème. Maintenant je suis sur la défensive, je doute toujours que mes nouvelles relations agissent par pure sympathie. »

Claude, malgré une certaine image qu'elle voudrait donner d'elle, n'a pas une âme de recluse perpétuelle. Son mari voyage, elle aussi ; il sort beaucoup, elle en fait autant ; son époux a des maîtresses, elle déclare à sa belle-sœur Geneviève : « Je ne le harcèle pas [Jacques]. Chacun de nous fait sa vie. Il a ses maîtresses ; moi, de toute façon je suis madame Médecin. »

Geneviève vit arriver le drame : « Claude n'était pas faite pour ce genre de vie, elle a mal résisté à l'opulence, on la flattait, on l'entourait, on la courtisait. Elle s'est mise à beaucoup voyager, pour ne pas être en reste. Vers la fin, elle et Jacques se croisaient dans les aéroports. Il arrivait, elle partait. »

Le point de vue de Jacques Médecin des années plus tard n'en demeure pas moins différent :

« *Claude n'a jamais pris part à ma vie politique, je ne lui demandais pas de s'impliquer totalement mais il m'eût été agréable qu'elle portât quelque intérêt à l'existence que je menais. Elle s'était fabriqué une vie à elle, qu'elle partageait avec quelques amis, jouant aux cartes avec eux, s'occupant des animaux. J'entrais, je sortais, j'allais de droite, de gauche, j'étais comme un meuble dans la maison. J'ai eu ce sentiment, peut-être me suis-je trompé, je n'en sais rien.* »

1973, marque un tournant dans le règne de l'Héritier, la puissance et la gloire, mais dans leurs sillons les premières ruptures avec l'ensemble des garde-fous. 1973, année des élections législatives, constitue une pointe extrême dans le combat quasi permanent que se livrent Médecin et *Nice-Matin*. Au contraire de ce que les journalistes parisiens écriront, Jacques Médecin n'a jamais exercé le pouvoir avec la complicité de l'unique quotidien niçois : sauf rares périodes de trêve, entre le maire et le journal, ce fut la guerre de trente ans. Une guerre larvée, avec parfois des raids sanglants au grand jour. *Nice-Matin* possède à lui seul, pour toute la région, le redoutable honneur du contre-pouvoir. Michel Bavastro s'emploie à jouer un jeu serré de balance, jeu subtil, feutré, secret que ses lecteurs suivent néanmoins très attentivement. Le « journal », comme l'appellent les Azuréens, est un point de repère, une sorte de bible matinale. On l'abomine parfois, on le respecte forcément. Du respect à la peur, il n'y a qu'un pas vite franchi. La majorité des édiles tremblent devant ce molosse dirigé par un homme tout-puissant, dont le mieux que l'on puisse attendre c'est de s'en faire oublier, bénéficiant ainsi de sa neutralité bienveillante. Jacques Médecin est trop éclatant, trop imprudent, pour se garder de ce côté-là. Du pouvoir il possède la lumière, la concrétisation officielle; la part de l'ombre, il l'ignore. Négligeant de reconnaître une force dont il ne détiendrait pas les rênes, il se fait de *Nice-Matin* un adversaire redoutable.

Les relations entre les Médecin et le « journal » n'ont jamais été au beau fixe, le roi et Bavastro ne s'aimaient guère ; sur la route du vieux monarque, le quotidien, surtout durant les dernières années, se dressait sans cesse. Ils ne s'aimaient pas, mais ils se respectaient. Pour Bavastro, le roi appartenait à une légende ; on a beau être sûr de soi, on n'abat pas une légende avec des mots, même les plus traîtres. A la mort de Jean Médecin, *Nice-Matin* s'inclina devant la dépouille du seigneur. Michel Bavastro qui prend rarement la plume écrivit un bel hommage signé modestement M.B. Mais, une fois le roi en terre, *Nice-Matin* déterra la hache de guerre pour barrer la route à l'Héritier. Peine perdue. Pragmatique, Bavastro durant quelque temps joua le jeu du nouveau maire, plus exactement il laissa faire. Très vite, l'inclinaison donnée à la politique municipale par l'Héritier, ses prises de position nationales, l'absence de toute velléité d'acte d'allégeance déplurent à cet autre roi de Nice, inconnu du grand public et cependant omnipotent. Le couperet tomba, ordre fut donné à la rédaction d'ignorer le maire. Consigne : le silence. Sauf cas d'impossibilité majeure, on recommanda aux photographes lors des cérémonies officielles de ne jamais cadrer Jacques Médecin. Si par hasard le maire figurait malgré tout sur un cliché, on se débrouillait à la mise en page pour le faire disparaître. En réaction, Médecin organisa son propre système d'information par le biais de permanences mobiles se déplaçant dans les quartiers, en fondant le mensuel *L'Action Nice-Côte-d'Azur* sur les dépouilles de *Flash* et de *L'Information municipale,* en créant en France le premier service de relations publiques municipales. Oui mais on ne voyait toujours pas la tête de l'Héritier dans le « journal ». En 1971 Jacques, inquiet, les élections municipales approchant, rencontre Michel Bavastro.

«Je lui ai demandé : " Que me reprochez-vous ? " ; il me répondit : " Il paraît que vous n'êtes guère aimable à l'égard de Nice-Matin. " *Nous avons mis sur la table tout ce qui pouvait nous séparer, et nous nous sommes aperçus qu'il n'y avait pas de quoi nous faire la guerre. Je n'ai jamais critiqué Bavastro en tant que patron de presse, au contraire. En revanche, j'ai dit, et je continue de l'affirmer, que c'est un homme dur, intransigeant, capable pourtant d'actes de générosité, j'en ai été le témoin lorsque je travaillais pour lui. Je crois que Michel Bavastro a vécu son existence sur sa dunette de commandant de bord, qu'il en a fait une sorte de point de convergence sociale, intellectuelle, où se retrouvent les leaders de la région et aussi des gens qui viennent lui faire la cour. Et Michel Bavastro est sensible, comme tout homme puissant, à une certaine part de flatterie, moi aussi d'ailleurs, sauf que très vite, ça m'agace. Bavastro est certainement l'homme le mieux informé de ce qui se passe à Nice, mieux informé que le maire, le préfet, les renseignements généraux eux-mêmes. Mais dans ce flot d'informations il y en a forcément qui sont malveillantes pour tel ou tel autre. Certains de ceux qui voulaient ma peau s'imaginant que Bavastro ressentait une haine fondamentale contre moi, sont venus lui tenir des propos affreux sur mon compte. J'en ai eu la preuve par un ami commun Charles Ehrmann (député des Alpes-Maritimes, alors adjoint au maire et député suppléant de Jacques Médecin) qui me rapporta les calomnies que Bavastro lui répétait, croyant dur comme fer que je les avais lancées à son encontre. Alors qu'en vérité, je n'avais pas prononcé son nom, depuis plus de six mois ! Beaucoup de gens ont semé la mauvaise graine entre lui et moi.»*

Le répit à la suite de la rencontre de 1971 fut de courte durée. Les deux hommes peuvent s'admettre, se comprendre, froidement, face à face de chaque côté d'un bureau. Sans plus. Tout les oppose, leur physique, leur caractère. Médecin est débordant, Bavastro d'une minceur aiguë. L'un est prolixe, l'autre silencieux. Médecin est maire de Nice, député, président du conseil général, bientôt secrétaire d'Etat, mais il fut l'employé de Bavastro ! Il ne l'oublie pas. Bavastro est président-directeur général de *Nice-Matin ;* Médecin fit partie de sa rédaction. Il sait s'en souvenir.

Michel Bavastro, une partie du patronat niçois hostile à Jacques Médecin croient avoir trouvé pour les élections législatives de mars 1973 l'oiseau rare en la personne du président de l'université, Jean-Claude Dischamps. Jeune, constellé de diplômes, giscardien, le président possède le profil parfait des « nouveaux politiques » se présentant plus comme des gestionnaires à respiration froide que des politiques classiques au sang chaud. Dischamps attaque la personnalité de Médecin et sa gestion de maire, confondant élections législatives et municipales, confusion volontaire bien entendu, le président sait bien que face à Médecin, c'est l'homme qu'il faut abattre et non ses idées.

Pour la première fois depuis son élection en 1966, l'Héritier se méfie, la candidature de Dischamps représente un bon parti pour la bourgeoisie niçoise amoureuse de titres et de diplômes. Titres et diplômes qu'il n'a pas... Son complexe refait surface dans la mesure où Dischamps se gargarise des siens. Mais technocrate on est, technocrate on demeure. Dischamps, au lieu de se contenter de jouer à la tête d'œuf bien pleine, se lance dans une bataille de centimes additionnels, attaquant Médecin sur le thème du budget et des impôts locaux. Une litanie fastidieuse que l'Héritier a peu de peine à pourfendre. En attendant, dans sa crainte d'être accusé d'homme de la rue sans éducation, entouré par ses semblables, Jacques s'offre un groupe d'étudiants venus lui proposer leurs services contre Dischamps. Ce groupe qu'il accueille favorablement va s'imposer, devenir l'ossature du « nouveau médecinisme ». Ils lui plaisent, à Jacques, ces jeunes : ils en veulent, ils sont intelligents, ils croient en lui. L'Héritier est flatté, ces intellectuels de moins de trente ans le changent des vieux pontes de l'ancien régime toujours en place !

Dischamps battu, l'Héritier adopte le groupe, leur proposant de constituer un cabinet de réflexion. Aussitôt dit, aussitôt fait, les jeunes loups, par le biais de *L'Action Nice-Côte-d'Azur* pondent des articles, théorisent le médecinisme, le « droitisant » aussi. Les membres du groupe appartiennent effectivement pour la plupart aux mouvances de l'extrême droite. Ambitieux, arrivistes, efficaces, soudés, ils constituent une force qui va s'enfoncer comme dans du beurre dans le Landerneau politique local. Landerneau qui s'effiloche : les anciens amis du roi sont fatigués, l'unanimisme des débuts vole en éclats, certains renâclent devant les méthodes du Patron. Le médecinisme ne se reconnaît plus. Eugène Tonietti, fidèle des fidèles du roi Jean, premier adjoint de Jacques depuis 1971, s'est présenté contre son avis aux élections législatives de 1973 sous une étiquette de gauche ! Eugène battu, l'Héritier le conserve à son poste, mais le moins que l'on puisse dire c'est que le courant ne passe plus entre eux. Il ne passe plus avec la plupart des membres de la vieille garde. Le groupe, tirant parti de ce vide à combler, s'insinue, s'implante, s'installe dans l'ombre en attendant les places au soleil qui ne sauraient tarder.

De quoi était-elle faite cette jeune garde dont une bonne partie, aujourd'hui que Jacques Médecin est en exil, continue d'exercer le pouvoir ?

Figure ronde, parfaitement lisse, sans aspérité ni déclivité, sourire en coin, Michel Falicon derrière ses lunettes de matheux ressemble à n'importe quel inspecteur des finances ou ingénieur divisionnaire. Le théoricien de la bande, esprit méthodique, analytique, laisse peu de place à l'émotion. Froid et calculateur, disent ses ennemis, il fait de la politique sa raison de vivre. En redoutable homme de droite, il applique et justifie la célèbre théorie marxiste : la fin justifie les moyens. Il deviendra adjoint au maire, conseiller régional, secrétaire général d'innombrables comités, instituts, associations.

Au début du siècle, on aurait dit de Martine Gasquet, future Daugreilh, qu'elle était une pétroleuse. Vite inflammable, Martine dépense une énergie folle, on la voit à tellement d'endroits différents qu'on pourrait la croire dotée du don d'ubiquité ; infatigable, elle combine son ambition à une réelle maîtrise des dossiers. En 1973, l'Héritier en fait son attachée parlementaire. Elle suivra le Patron en devenant son directeur de cabinet adjoint puis en lui succédant à l'Assemblée nationale. Membre du RPR, député des Alpes-Maritimes dans la deuxième circonscription, celle de Médecin, Martine Daugreilh se dit toujours porteuse de la flamme médeciniste.

Jovial est le premier mot qui vient à l'esprit quand on évoque Jean Oltra. D'autres suivent en ribambelle : chaleureux, fonceur, tonitruant, fidèle, ceci pour la part lumineuse. L'autre aspect du personnage ne manque pas non plus d'adjectifs : hâbleur, intempestif, coléreux. Mais peut-on aussi facilement trancher avec quelqu'un chez qui tout se mêle dans un perpétuel chaos ? Sans la rencontre avec Médecin, le destin de ce gros garçon était tout tracé, un boulot au contact du public, l'anisette à midi, la kémia, les copains, le football, la bonne bouffe, les jolies filles, ce qui ne l'aurait pas empêché d'être un père généreux et attentif. Un brave type en somme. Mais voilà : Jean Oltra est tombé en amour, en amour pour Jacques Médecin. Pour lui et avec lui il ira jusqu'au bout. Homme de confiance du Patron, celui-ci va lui tailler un empire dans son royaume. Jean Oltra, directeur de Nice-Communication devient le pivot central de l'appareil médeciniste, son *deus ex machina,* à tel point que sa puissance vers la fin égalera quasiment celle du Patron. Le manteau était-il taillé trop large malgré ses robustes épaules ? Jean, comme on l'appelle, assumera, plongé dans une sorte de folie douce, seule façon pour lui de résister à une pression qui parfois devait l'épouvanter. Homme à tout faire, courroie de transmission de toutes les affaires, Oltra basculera comme son maître dans une cavalcade insensée où plus personne n'est capable de tenir les rênes d'un pouvoir tournoyant sur lui-même par la seule force de la vitesse emmagasinée. Les dernières années, Oltra les passera livide et harassé, tentant de colmater, tel un Samson dérisoire, les innombrables lézardes, failles et gouffres d'un système que ni lui ni son « patron » ne contrôlent plus.

Le 27 avril 1974, la foule se presse et s'empresse au Soubran, Valéry Giscard d'Estaing envoie la boule, rate le cochonnet, aucune importance, une vingtaine de photographes ont immortalisé le geste. Jacques Médecin soutient V.G.E. Nice pèse lourd dans la corbeille de mariage. Déjà, dans les derniers temps de Georges Pompidou, Jacques avait tenté une réconciliation avec le pouvoir parisien. Après tout, de Gaulle était mort, l'Algérie française s'éloignait, plus aucune raison idéologique de se tenir en marge. Cette tentative d'approche n'avait pas été suivie d'un grand succès. Pour Pompidou, Médecin symbolisait toujours le notable haïssable. A la lettre que lui avait fait parvenir le maire, le président fit répondre par son secrétariat qu'il en avait analysé la teneur et qu'il fixerait un rendez-vous. Le 2 avril, Georges Pompidou s'éteignait, la France depuis des mois suivait sur son visage les traces du mal fatal. A peine la nouvelle annoncée officiellement, les états-majors des hommes politiques se mettaient en train.

« *J'ai connu une période assez amusante malgré les circonstances. Je me souviens d'Edgar Faure me recevant dans son bureau et me disant : " Cher ami, je n'oublie pas que vous êtes le fils d'un homme qui a été ministre avec moi sous la IV*[e] *République, je connais vos qualités et peux vous assurer que si vous m'apportez votre soutien, je saurais m'en souvenir. " Deux jours plus tard, Jacques Chaban-Delmas me demande de passer le voir à son domicile. Il m'a reçu trois minutes assis sur un canapé : " Monsieur le maire de Nice, m'a-t-il confié, je me présente à la présidence de la République. Si je suis élu il faut que le maire de Nice sache qu'il aura toujours sa place à la table du président de la République comme il l'avait à celle du maire de Bordeaux ". D'un autre côté, j'ai été contacté par les gens de Giscard qui m'ont fait comprendre que leur candidat savait que j'étais un excellent spécialiste du tourisme et qu'il s'en souviendrait. "*

Médecin met le paquet pour Valéry, au grand dam des giscardiens du cru, Dischamps en tête, qui se sentent floués. Dischamps fou de rage, lui qui s'est battu pour les valeurs de Giscard contre le potentat local, ne supporte pas cette alliance. Dans l'impossibilité d'influencer « Dieu », il tente d'endoctriner ses saints. Médecin, clame-t-il aux oreilles de Michel Poniastowski, à celles de d'Ornano, de Jean-Pierre Soisson, ne mérite pas votre estime. S'ensuit son éternelle litanie sur la mauvaise gestion municipale. Les saints, de la mauvaise gestion, pour l'instant, ils s'en moquent ; ce qu'ils voient, eux, c'est le poids en voix de Médecin. Un très, très bon poids. Dischamps est renvoyé à ses comptes. Giscard est élu, Jacques Chirac est nommé Premier ministre, Jacques Médecin est oublié. Les phrases assassines de Dischamps, une fois la victoire de Valéry acquise, sont revenues à la mémoire de l'entourage du nouveau président. Décidément, ce Jacques ne colle pas avec l'esthétique giscardienne. Au tourisme, on nomme un certain Ducray qui ne s'entendra pas du tout avec Jacques Chirac. Chirac et Médecin se connaissent depuis 1967 où tous deux faisaient leurs débuts de député. On a beau être de bords divergents, personne n'est gaulliste ou anti-gaulliste vingt-quatre heures sur vingt-quatre. Il y a aussi le caractère des hommes, leurs attirances ou leurs répulsions au-delà de leur appartenance politique. Or Chirac et Médecin se sentent de la même famille, celle des fonceurs. Ce n'est pas tout de suite le grand amour mais une certaine complicité. « Nous sommes copains... », explique Jacques Médecin à ceux qui s'étonnent de leur bonne entente.

Il faudra deux ans à l'Héritier pour toucher les dividendes de son ralliement. Le 11 janvier 1976, il est appelé à devenir secrétaire d'Etat au Tourisme. Chirac l'a imposé à l'occasion d'un remaniement ministériel. Il faut dire qu'entre-temps Jacques s'était inscrit aux Républicains indépendants. Volonté d'arriver à tout prix, avidité de carriériste ? Non, plus simplement revanche d'un provincial, Jacques sait qu'il n'est pas aimé par les Parisiens, voire vilipendé ; plus qu'une récompense, cette nomination est d'abord une victoire sur ses ennemis, venant clouer le bec à la calomnie. Au fin fond de lui-même, le maire, comme tous les régionaux qui ont réussi dans leur domaine, ne dédaigne pas la consécration de la capitale. Il la leur faut, quitte à l'amoindrir s'ils l'obtiennent ou à la mépriser si on la leur refuse. Homme du Sud avant tout, Médecin n'échappe pas plus qu'un autre à ce curieux mirage qu'exerce Paris, fait de désirs et de répulsions.

« *Mon père et moi, ça ne fait que deux générations de Médecin nés en France, c'est un fait important qui explique certaines réactions, certains comportements.* »

L'Héritier part pour la capitale, direction avenue de l'Opéra où se trouvent les locaux de son secrétariat d'Etat. Dans ses valises : Jean-Paul Claustre et Michel Falicon. Celui qui pendant tant d'années fut le fils de son père, un journaliste parmi tant d'autres, celui envers qui on est passé sans transition de la condescendance à la jalousie, siège au Conseil des ministres. Certes pas chaque semaine, les secrétaires d'Etat n'ont droit qu'au grand conseil, mais tout de même !

« Tu vois, papa, se dit-il, j'y suis arrivé, je les ai tous possédés, nous les Médecin nous sommes les plus forts. Tu avais tort de te méfier de ton fils, je te ressemble, tu sais, nous n'avons pas les mêmes manières, c'est tout. T'en fais pas, je fais la course en tête. »

Sur le plan des prérogatives, Jacques déchante vite. Un secrétaire d'Etat n'est rien de plus qu'un pion sur un échiquier, sans ressources propres, sans budget, dans l'impossibilité de mener une action cohérente de par sa propre volonté. Un demi-maroquin dans un ministère donne à peu près autant de pouvoir qu'en possède un académicien ou un chevalier de l'ordre de Malte : pénétrer en voiture officielle dans la cour de l'Elysée, gravir l'escalier du perron, participer autour de la grande table au Conseil des ministres, être invité aux banquets officiels offerts aux visiteurs étrangers de marque. Dans le microcosme du sérail politique, Médecin fait bande à part ; peut-être aussi le tient-on à l'écart : les esprits fins de droite, ceux-là mêmes qui appartiennent à la même famille idéologique que lui, regardent avec suspicion ce drôle de zèbre que l'on dit un feu fasciste, un peu voyou, qui parle trop fort, sûr de lui. Parce qu'il n'emploie pas la langue hermétique des ministères, on le dit vaniteux ; parce qu'il dit moi au lieu de nous, on l'accuse d'orgueil.

« *Je me suis mis au travail, j'ai multiplié les réunions avec les professionnels du tourisme, j'ai établi une chartre de relance du tourisme en vingt-huit points, j'ai monté une association française d'action touristique avec tous les grands exportateurs français : producteurs de champagne, bijoutiers, couturiers... J'ai accompli un certain nombre d'actions qui ont été remarquées. Malheureusement, comment lancer des opérations sans budget ? Les secrétariats d'Etat sont des structures rigides, peuplés essentiellement de fonctionnaires engoncés dans leurs privilèges. En presque trois années de secrétariat d'Etat, j'ai été rattaché à trois ministres différents ; le dernier, Michel d'Ornano, ministre de l'Environnement et de la Culture, m'a progressivement dépossédé de toute autorité. Des trois directions, celle de l'aménagement du territoire rural, celle de l'aménagement et de l'équipement de la montagne et enfin de l'aménagement du littoral, il ne m'en a laissé aucune. Je suis resté aussi vide qu'une coquille d'œuf. Quant à tous ceux qui à Nice me recommandaient d'appartenir au gouvernement pour obtenir ceci ou cela, ils se sont trompés, je n'ai rien obtenu du tout. Il se trouvait que l'on accordait plus à Gaston Defferre maire socialiste de Marseille, qu'à Médecin défendant les couleurs de Giscard d'Estaing. Une manière de faire qui me rebutait, spécifique au parisianisme ; je me demandais comment en arriver à un tel niveau de mollesse, de lâcheté, d'abandon. Dieu me protège de devenir parisien, il y faut une souplesse d'échine absolument incomparable. Quand je vois un homme comme Jean-Pierre Soisson ministre socialiste, ça me révolte. Mais si, demain, la droite reprenait le pouvoir, je ne serais pas étonné que par une nouvelle pirouette, il figure au gouvernement, pourquoi pas au poste qui est le sien aujourd'hui : ministre du Travail ! Je n'ai rien de commun avec ces gens-là. Qu'est-ce que je fais parmi eux, quel est mon rôle ? Je n'en ai pas. Paris ne m'a jamais emballé, c'est la ville de la langue de bois, la ville où il est interdit de dire la vérité ; dès que vous avez le courage de mettre les points sur les i, vous êtes immédiatement contré par les représentants du sérail, cette intelligentsia est redoutable. Je n'ai rien à espérer de cette galère, alors qu'il existe une ville où je peux être le roi, une ville où je peux réaliser ce dont j'ai envie, ce dont elle a besoin. »*

— ALLÔ, Jacques Médecin ?

— Oui.

— Raymond Barre à l'appareil. Monsieur Médecin, je vous informe que je ne reconduis pas le secrétariat d'Etat au Tourisme dans mon prochain gouvernement. J'ai donc le regret de vous informer que vous ne faites plus partie de mon équipe.

— Merci, monsieur le Premier ministre.

En raccrochant Jacques Médecin ressent un pincement, plus que des regrets, de l'amertume. Il sait que désormais, comme son père, il va se replier sur Nice, en faire une véritable citadelle, où il sera le seul maître après Dieu. Regrets, amertume, nostalgie, au fond Jacques Médecin s'en moque. En ce mois d'avril 1978 (dans un mois il aura cinquante ans), le maire est amoureux fou. Et peu lui importe le reste. Depuis l'été dernier, il vit dans les transes, entre deux avions et dix coups de téléphone. La vérité, c'est qu'il ne peut plus se passer d'Ilene ; en elle, il a découvert la femme de ses rêves descendue directement de l'écran hollywoodien pour tomber dans ses bras et lui faire découvrir l'amour fou. Le genre de passion physique auquel un homme de cinquante ans ne résiste pas. Blonde, grande (bien sûr !), des jambes qui n'en finissent plus, un corps musclé, bronzé, oint de toutes les huiles et crèmes californiennes, Ilene possède pour couronner le tout un sourire dévoreur de star égarée dans un feuilleton texan.

Jacques aime les femmes spectaculaires, celles sur lesquelles on se retourne, celles dont on envie l'homme pendu à leur bras. Que cet homme, ce soit lui, paraît à l'ancien gamin de Gairaut, qui visionnait de vieux films américains dans une arrière-salle de café de l'aire Saint-Michel, un prodige. Le bonheur ! Cet orgueil, noué par la complicité des corps, pour rien au monde il ne le sacrifierait. Ilene ne sera pas une maîtresse de passage, une de celles que l'on abandonne, un matin, dans un quelconque hôtel quatre-étoiles, avec un soupir à peine voilé de soulagement. Ilene et Jacques se sont rencontrés durant l'été 1977 à Los Angeles dans la villa avec piscine de Max Factor.

« *A l'époque, j'étais sans cesse en déplacement, je me suis retrouvé à Los Angeles avec seulement des costumes de ville. Ce détail a de l'importance. Le jour même de mon arrivée, j'ai rendu visite à mon ami Max Factor, un vieux monsieur que j'estime beaucoup. Au fil de la conversation, je lui ai demandé où je pourrais acheter un jean de qualité. Il a éclaté de rire : des magasins de jeans, à Los Angeles, il en existe des milliers. A cet instant entra dans la pièce une superbe fille, élancée, blonde. J'ai ressenti un choc comme il y avait longtemps qu'une femme ne m'en avait provoqué un. La fille vint embrasser Max : " Jacques, me dit-il, je vous présente ma petite nièce Ilene ", et immédiatement il ajouta : " Elle va t'aider à trouver ton jean. " Nous sommes partis ensemble, Ilene et moi. A ses côtés, dans la voiture, j'étais chamboulé. J'achetai mon jean. En sortant du magasin, n'y tenant plus, je lui ai demandé si elle était libre le soir pour dîner. Elle me répondit : " Non pas ce soir. — Demain alors ? — O.K. ! " Et le lendemain nous sommes sortis ensemble. Il ne s'est rien passé. Je lui faisais la cour, elle me recontait sa vie. Puis je suis reparti pour la France. Arrivé à Paris, dans mon bureau du secrétariat d'Etat, je me suis aperçu que je pensais tout le temps à elle, j'ai pris le téléphone et je l'ai appelée. J'étais amoureux ! Ilene entrait dans ma vie juste au moment où j'étais disponible pour un nouvel amour. Je suis retourné à Los*

Angeles, et ce qui devait se passer est arrivé. Une harmonie parfaite. Je retrouvais mes vingt ans, mieux encore, la jeunesse du cœur plus l'expérience. J'ai fait le voyage deux ou trois fois. Durant toute cette période, j'ai vécu une existence de fou, je ne pouvais pas m'empêcher de lui téléphoner, elle me manquait terriblement. Début janvier 1978, je l'ai fait venir à Paris. Elle ne parlait pas un mot de français, j'étais marié et secrétaire d'Etat. Nous nous cachions... Ce fut une période compliquée, douloureuse. J'ai parlé à ma femme qui a très mal pris la chose. Entre mes deux filles ce fut la déchirure, l'une de mon côté, l'autre du côté de sa mère. »

Ilene emménagea à Nice dans un immeuble discret des collines. Le soir des élections, Jacques la rejoignit tandis que Jean-Paul Claustre annonçait à Claude que son mari s'était rendu à *Nice-Matin* pour saluer Michel Bavastro. Claustre, fin manœuvrier, déploya durant toute cette période ses talents pour couvrir « son patron » devenu son ami. D'un ménage à l'autre, d'une scène de jalousie à un règlement de comptes, Jacques n'en pouvait plus. L'ambiance entre Claude et lui n'avait jamais été aussi tendue. En mai, le soir du dixième anniversaire d'Anne-Laure, ce fut la rupture. Geneviève se souvient de cette fin d'après-midi au Soubran.

« Je suis arrivée au goûter des enfants vers les seize heures. Il régnait une ambiance à couper au couteau. Jacques faisait une tête effrayante. Il ne me dit même pas bonjour. Jamais je ne l'avais vu dans un tel état, un visage aussi fermé. Les enfants jouaient dans le jardin. François, mon neveu, le fils de Pierre, m'a murmuré à l'oreille : " Quelle horreur de vivre dans une maison comme ça... " Je pensais à m'éclipser lorsque Robert Monange, un ami, m'a glissé : " Claude voudrait te voir demain, elle te téléphonera. " J'ai répondu d'accord et je suis partie. Le lendemain ce ne fut pas Claude qui m'appela mais Robert : " Voilà, dit-il, Jacques est parti hier au soir, il devait rester encore quelques jours mais il n'a pas tenu le coup, il a fait ses valises dans la soirée, une fois les invités partis. " Jacques lui-même, quelques jours plus tard, m'a téléphoné pour m'annoncer qu'il s'était installé avec Ilene, la nouvelle femme de sa vie. Je ne sus que lui dire... " C'est bien ", ai-je fait. Il m'a répondu : " Oui, c'est bien ". »

L'été 78 est celui du grand amour. Jacques et Ilene mettent la clé sous la porte pour vivre leur folle passion encore si forte, encore si fraîche. Le maire de Nice et la belle Américaine prennent la route comme deux adolescents. L'Amérique abrite leur amour, ils vont de maisons amies en hôtels. Ilene est impatiente, elle veut faire de Jacques son mari. Celui-ci a beau lui dire qu'en France on ne divorce pas du jour au lendemain, la jeune femme ne comprend pas, ne veut pas comprendre, ses grands yeux verts se durcissent, ne laissant plus percer qu'une lumière froide, cruelle. Peur de la perdre, folie amoureuse? Jacques et Ilene se marient à Las Vegas comme n'importe quel couple en cavale. Le voici bigame, quelques secondes ont suffi, le temps de répondre « *I do* » à un fonctionnaire indifférent et blasé, bien loin d'imaginer qu'il vient d'unir à la sauvette un couple dont l'homme est le maire de la cinquième ville de France. Mariage sans aucune valeur mais Ilene est contente et, lorsqu'elle est contente, Jacques est heureux. Aux conséquences de ce mariage hors la loi il ne veut pas penser. Il a tout oublié, la France, la politique, la morale, Nice même.

Pourtant à Nice on s'inquiète dans la chaleur de l'été; les rumeurs les plus folles traversent la cité : Jacques ne reviendra plus, il va s'installer avec sa belle aux USA; pour certains c'est déjà fait, ils savent tout, le genre de vie que le couple mène, les affaires que Jacques traite. Pour ceux qui voient l'exploitation politique que l'on peut tirer de cette escapade de gamin, non seulement il y a abandon de poste mais vol ! Médecin est parti avec la caisse. Attention, pas n'importe quelle caisse, non, celle de la ville ! L'image est accréditée d'un Jacques cachant un coffre dans ses valises, un coffre contenant des millions, des millions dérobés au budget municipal. Un coup à la Arsène Lupin qu'une certaine naïveté publique entérine sans broncher. Comme toujours, lorsqu'il s'agit de Médecin et de Nice, la presse s'empare de l'affaire, les supputations les plus folles courent les rédactions ; « Jacques Médecin en fuite », titre un quotidien parisien. D'ailleurs, si Barre s'en est débarrassé, c'est qu'il y avait anguille sous roche. La légende noire de Médecin est mise sur rail, elle n'est pas près de s'arrêter.

« *Au moment où je vivais cette passion la presse se déchaîna bien sûr... Pensez, un maire qui divorce, un maire français amoureux d'une Américaine, quel scandale ! Hypocrite comme toujours, ce fut la gauche qui s'offusqua le plus, des gens qui sont pour l'union libre trouvaient inconvenant que cela arrivât à Jacques Médecin. J'aurais dû mener une vie de moine ! Mais bon dieu, je suis un homme, vous comprenez ?* »

Bronzé, en pleine forme et toujours aussi amoureux, Jacques retrouve son bureau de la mairie. Personne, du moins officiellement, n'a encore vu la nouvelle. Riche, très riche, l'héritière de la famille Factor, une des plus grosses fortunes d'Amérique. Dès qu'on l'aperçoit en mini-jupe ultra-courte, la cuisse à l'air et les seins en avant, les lèvres peintes de rouge, les cheveux permanentés, les Niçois pensent immédiatement aux héroïnes de feuilletons TV américains. Et c'est vrai qu'elle en a le style et l'allure. Pourvu qu'elle n'en possède pas l'esprit en plus s'inquiètent les pessimistes ! L'allure, l'habit, l'agressivité physique passe encore, après tout, c'est une Américaine, mais qu'elle ne parle pas un mot de français gêne terriblement. Elle sourit, on lui rend son sourire, les plus malins étalent leur anglais scolaire, mais enfin ça ne va pas très loin. Jacques a beau se démener, jouer au traducteur, faire les demandes et les réponses, la conversation immanquablement sombre rapidement. Les personnes qui lui sont présentées, est-ce l'effet de l'incommunicabilité ?, se sentent intimidées par cette sculpturale vamp incendiaire.

Dans les milieux pincés, on la trouve un tantinet vulgaire, le terme d'aventurière est lancé et très rapidement repris dans les salons. Pour les proches et la famille Médecin, aucun doute, Ilene fait un peu tape-à-l'œil ; c'est l'avis de Geneviève chez qui l'hostilité fut immédiate :

« Jacques nous l'a présentée comme une fille formidable, riche comme Crésus. Ils sont venus quelquefois déjeuner, maman qui, de toute façon, n'avait jamais apprécié Claude trouvait à la nouvelle toutes les qualités, sinon toutes les vertus. Et comme elles ne pouvaient pas échanger un seul mot, c'était parfait. La plupart du temps, Ilene s'asseyait dans un coin et ne disait rien. Un jour, elle a déployé devant nous une valise Hermès à compartiments, pleine de bijoux : " Oh ! ce n'est rien, nous a expliqué Jacques, le reste est aux Etats-Unis, elle en possède le double ! " Je crois qu'Ilene nous ignorait, nous, la famille. A plusieurs occasions, elle ne m'a pas reconnue, une fois dans les couloirs de l'opéra, une autre fois dans un magasin de tissus. Si Jacques n'était pas là, elle ne faisait pas la relation. Je pense que je n'avais rien qui pouvait l'attirer, et réciproquement d'ailleurs, mais enfin elle était ma belle-sœur, madame Médecin, je me devais de faire des efforts... N'empêche, je suis persuadée qu'elle a joué un rôle néfaste auprès de mon frère. Jacques a été littéralement déraciné, il s'est mis à aimer tout ce qu'il détestait auparavant. Lui qui adorait la cuisine, du jour au lendemain, s'est mis à manger une feuille de salade avec des surgelés, il trouvait ça génial ! Lui qui ne supportait pas qu'un homme porte des bijoux, tout à coup on l'a vu avec une bague, une chevalière, une montre de prix, des compressions de César... Plus grave, elle l'entraînait aux Etats-Unis, plusieurs fois par an, des périodes de plus en plus longues. Pendant ce temps, à Nice, Jacques déléguait à des gens qui en profitaient. Peu à peu, on a eu l'impression qu'une barrière s'élevait autour de lui, il devenait inaccessible, une véritable tour d'ivoire. C'était un homme seul, entouré de flatteurs, coupé des réalités. L'Américaine ne le rendait pas heureux, leurs relations se sont très vite détériorées. Elle était dépressive. A nous, Jacques ne disait rien, mais je me souviens d'une soirée miraculeuse où il a dîné en notre compagnie, sans Ilene, ni personne de l'entourage, je l'ai retrouvé ce soir-là comme avant, adorable, charmeur. A propos d'Ilene, pour expliquer son absence, il nous a dit qu'elle souffrait d'une infection urinaire. C'était faux, elle se trouvait en cure pour dépression. »

Le 5 décembre 1979, Jacques Médecin épouse Ilene Joy Graham. Témoin de la mariée : sa propre belle-fille Martine ! Entre l'aînée des Médecin et sa mère, après la mésentente, on en était arrivé à la haine. Martine évoquait Claude en l'appelant : « Mon ex-mère ! »

Au-delà des scandales, des divorces, des mariages, ou plutôt malgré eux, Jacques Médecin, dans l'œil du cyclone, n'en continue pas moins son travail de maire, de maire bâtisseur. Existerait-il un cas Médecin, des affaires Médecin, si Médecin n'était qu'un magouilleur aux dents longues se débattant avec des médias déchaînés ? Certainement pas. Médecin existe dans la mesure où en vingt-cinq ans il a marqué une ville de son empreinte. Empreinte ineffaçable, comme si d'avance, se sachant condamné, il avait voulu laisser derrière lui un message de pierre inaltérable.

Bâtisseur têtu, il ne se contente pas d'améliorer, de bricoler, de faire au mieux. Non, il invente, il imagine, souvent seul contre l'avis des timorés. En Israël, il découvre les zones piétonnes, idée fameuse pour une ville du Midi, où il fait bon flâner hors des contraintes de la circulation. De retour à Nice, il décide immédiatement de transformer toute une rue en zone réservée pour les piétons, pas n'importe quelle rue, non, carrément il choisit la rue Masséna, l'artère vitale du centre commerçant de la ville. Quand les pelleteuses et les marteaux piqueurs commencent à éventrer le macadam, les riverains deviennent verts de peur. Les comités de défense se forment. Défense de quoi : de l'acquis, de l'habitude, de l'immobilisme. « Vous allez devenir riches, cent fois plus riches que vous ne l'êtes », leur promet Jacques Médecin. L'avenir et la réussite lui donneront raison, la valeur des commerces de la zone piétone n'a plus aucune mesure avec ce qu'elle était il y a une quinzaine d'années. Le quartier s'est transformé, embelli, il est devenu espace ludique, cœur palpitant de la cité.

La pollution, cette tarte à la crème de nos sociétés et des discours pleins de promesses : il faut des décisions pour la combattre. Des décisions et de l'argent. Médecin décide ; l'argent, il l'emprunte. On le lui reproche. Il s'en moque, l'argent est fait pour servir la communauté, pas pour rester coincé dans le coffre des banques et de la Caisse des dépôts et consignations. La ville est endettée, pleurent les peureux ; les impôts augmentent, se lamentent ceux qui voudraient bénéficier de tout par la seule vertu des mots, toujours eux. La ville s'endette, mais elle possède une usine d'incinération qui absorbe cinq cents tonnes d'ordures par jour. La ville s'endette, mais un collecteur d'égouts gigantesque rejette très loin en mer les déchets préalablement traités pour qu'ils ne nuisent pas aux fonds marins.

Les exemples, il en existe ainsi des dizaines, avec comme point d'orgue le palais des congrès Acropolis, le théâtre de Nice et le musée d'Art moderne, formant une sorte de ligne majestueuse qui sépare la rive gauche de la rive droite du Paillon, fleuve récalcitrant désormais entièrement canalisé sous terre. Un ensemble architectural résolument moderne, sans pour autant dépareiller la vieille ville toute proche.

En vingt-cinq ans, le visage de Nice a plus changé qu'en cent ans. Changé sans s'enlaidir. La preuve, les magnifiques jardins parsemés de jeux d'eaux en lieu et place du vétuste Casino municipal. Les plus acharnés parmi la cohorte des ennemis de Médecin ne peuvent le nier. On préfère donc oublier les réalisations pour s'accrocher aux scandales et à travers eux abattre l'homme. Constructeur, on le traite de mégalomane. Il est vrai que Médecin, maire atypique, individu dérangeant, devient peu à peu une sorte de monstre dans le paysage de la société civile française si tiède, si policée, si vernissée. Un monstre qui effraie les meneurs timorés de la nomenklatura politique. « *Quelques imbéciles pensent qu'il serait mieux que je n'aie pas d'autorité. Ainsi ils pourraient m'acccuser d'impuissance. En réalité je suis autoritaire, c'est vrai, mais à partir d'un certain stade on ne peut exercer de responsabilité sans autorité et je ne conçois l'autorité que lorsque chaque dossier a reçu l'aval des services financier, juridique, administratif, technique. Durant la préparation de ces dossiers, je n'impose jamais ma volonté, je suis ouvert à toutes les discussions. Je me plie aux réalités. Mais une fois que les services compétents m'ont dit : " Vous pouvez y aller ", alors oui je fais preuve d'autorité, sinon on ne ferait jamais rien. Je suis un homme de droite mais le contraire d'un conservateur ; dans beaucoup de domaines, je suis un progressiste forcené. L'immobilisme se trouve chez mes adversaires, pas chez moi. Il est évident que j'ai réussi pas mal de choses sur le plan local. Je suis fier du palais des congrès Acropolis, non seulement parce qu'il marche bien, que les visiteurs du monde entier le trouvent superbe, mais parce que c'est moi qui l'ai conçu de A à Z. J'y ai placé toute mon expérience de journaliste, d'homme politique fréquentant toutes sortes de palais des congrès à travers le monde. Je n'ai été conseillé par aucune société spécialisée, ni aucun bureau d'étude. Je l'ai conçu avec des architectes qui ont bien voulu suivre mes indications. Oui, si je suis si fier, c'est parce que j'ai marché tout seul au milieu des tombereaux de stupidités qui m'ont été déversés sur la tête ! Au sein même de mon conseil municipal, comme par exemple : " On devrait le faire en tôle ondulée, on mettrait un toit, quatre murs et ça suffirait ! " Lorsque j'ai proposé une salle de dix mille places, j'ai cru qu'il allait falloir appeler les ambulances. Personne ne m'a suivi, un conseil cent pour cent médeciniste cependant, je suis donc descendu à cinq mille places ; cinq mille places pour un palais des congrès de l'an 2000, quoi de plus normal ? Mais rien à faire. Alors j'ai dit trois mille et puis deux mille cinq cents et là je n'en ai plus démordu. Toutes salles confondues, Acropolis peut accueillir jusqu'à sept mille personnes. Finalement, ce n'est pas si mal. Les stupidités qui ont été prononcées pendant les débats par des gens que j'avais fait élire sur ma liste, c'était à hurler ! J'avais affaire à des îlotes, de véritables attardés, les mêmes qui demain, si je présente un autre projet, soulèveront les mêmes scrupules d'un autre âge, se lanceront dans les mêmes inepties. D'ailleurs, personne aujourd'hui encore ne dit : " Heureusement, Acroplis existe, Acropolis rapporte de l'argent à la ville, Acropolis donne du travail aux Niçois ", personne, non, les gens sont aveugles. »*

Se relèvera-t-il ce coup-ci, se demandent à propos du maire les scrutateurs de la vie politique niçoise ? Têtus, naïfs, optimistes, ses adversaires pensent à chaque fois que non. Affaires, désaveux du monde politique, changement de majorité, rien n'y fait. Aussi, lors du raz de marée socialiste, aux élections législatives de juin 1981, Médecin ne devait pas résister à l'esprit nouveau, à la « marche vers la lumière », comme le clamait Jack Lang. Et qui mieux que Médecin pouvait symboliser les ténèbres dans lesquelles la France se trouvait plongée avant l'arrivée de Mitterrand ?

Médecin passa au premier tour avec 52 % des voix ! La ville pourtant n'avait pas échappé aux charmes de la rose, en élisant l'écrivain Max Gallo dans la première circonscription, au détriment du médeciniste Charles Ehrmann. Ce qui prouve, contrairement aux scénarios simplificateurs, que Nice n'est pas à droite, mais que Nice croit en Jacques Médecin contre vents et marées.

L'arrivée de la gauche au pouvoir sur le plan local servait politiquement le maire. Il faisait figure de bouée de sauvetage dans la tempête, de victime expiatoire. Mais, sur le plan personnel, il savait parfaitement que sa situation ne pouvait guère être plus mauvaise que durant les dernières années Giscard-Barre. Au contraire, du statut de brebis galeuse, il passait à celui plus honorable d'opposant, un opposant farouche, excessif certes, mais enfin un opposant parmi d'autres, détesté un peu plus, voilà tout.

Les relations entre Médecin et le pouvoir de droite avaient été de plomb. Outre l'escapade amoureuse, très mal perçue par les pères-la-pudeur du giscardisme, il y avait eu l'affaire Spaggiari qui, rapidement, pour une partie de la presse, était devenue l'affaire Spaggiari-Médecin.

A l'occasion du long week-end du 14 juillet 1976, Albert Spaggiari, dit « Bert », s'infiltre dans la salle des coffres de la Société générale. Le butin approche des records soixante millions de francs en liquide et une trentaine de millions en bijoux et objets de valeur. La presse titre le lendemain : « Le casse du siècle des rats d'égout niçois. » On connaît l'affaire : peu à peu, on laisse entendre que Spaggiari possédait ses petites et grandes entrées à la mairie, puis qu'il a participé à un voyage au Japon en compagnie du maire et enfin, et pourquoi pas, que Médecin a glissé en douce les plans des égouts au bel Albert. Comment en est-on arrivé à ce genre de suppositions ? Comme souvent, par une imprudence verbale de Médecin lui-même, déclarant après le casse : « C'est du grand art ! » Phrase malheureuse qui fut de surcroît sortie de son contexte de sympathie envers les épargnants volés. Mais pouvait-on s'attendre à une réaction différente de la part d'un esprit romanesque à l'imagination pétrie par les héros de la littérature et du cinéma américains ? Une histoire pareille dans sa ville, Médecin jubile... Le cinéma en direct et pour de bon, avenue Jean-Médecin ! Tout un programme ! Le reste : le voyage, la soi-disant complicité entre les deux hommes, on le doit à quelques journalistes branquignols de la Côte-d'Azur, voyant l'occasion de se faire un peu d'argent et surtout d'assumer leur petitesse à l'ombre d'une grande affaire. Ce sont eux qui révèlent que Spaggiari a voyagé avec Médecin au Japon. Avec Médecin : autrement dit dans le même avion, en compagnie de deux cent cinquante autres personnes. Eux aussi qui évoquent l'amitié entre Bert et Jacques, laissant supposer que... Sur cette affaire, ayant connu personnellement Bert, je peux assurer qu'il ne fréquentait guère Médecin, pas plus qu'il ne l'appréciait comme homme politique. Mais, entre autres activités, Bert photographiait les mariages. En conséquence, il lui arrivait de croiser le maire et même de lui serrer la main. Qui, à Nice, peut se vanter de n'avoir jamais serré la main à Jacques ?

Seulement voilà, Bert est un véritable personnage de roman, comme le prouvera son évasion du palais de justice. Membre d'un groupuscule d'extrême droite, ancien d'Indochine, bandit d'honneur : le pedigree est exemplaire dans son genre. Pedigree dont on va se servir pour « mouiller » Jacques Médecin, à travers la personnalité de Bert, en cumulant les prétendues sympathies du maire pour l'extrême droite et ses supposées complaisances pour les gangsters. En réalité, rien, absolument rien. Si Bert dans sa carrière de voyou aida des hommes politiques à Nice, ce ne fut pas Jacques Médecin, mais plutôt ses adversaires, côté droit.

Néanmoins, Jacques reçut le coup en plein plexus.

« *Ce fut le premier montage contre moi. J'en ai beaucoup souffert, je trouvais ça tellement honteux ! J'étais encore ministre à cette époque, les gens me regardaient avec un air curieux, comme pour dire : ce type-là en sait plus qu'il ne veut bien l'avouer. On me croyait malin, alors qu'en vérité j'étais d'une naïveté désarmante, dans la mesure où je ne prête jamais aux autres les sentiments que je ne ressens pas. Je me souviens d'un jour, pendant l'affaire, où j'étais invité à l'hôtel Méridien à Paris, lors d'une réunion de l'état-major des Républicains indépendants. Quand je suis arrivé, Michel Poniatowski est venu vers moi pour me dire bonjour. A cet instant, il s'est aperçu que la télévision allait filmer notre poignée de main, immédiatement il a fait demi-tour, et a carrément pivoté sur lui-*

même. Beaucoup d'autres m'ont tourné le dos. Lorsque j'ai demandé à Giscard d'Estaing de m'accorder une entrevue pour m'expliquer sur la situation, il m'a fait recevoir par Jean François-Poncet qui m'a écouté d'une oreille distraite avant de me dire : " Bon, je vais expliquer tout ça au Président, mais soyez prudent... " Par la suite j'ai demandé au ministre de l'Intérieur Bonnet de faire effectuer une enquête par ses services, qu'ils déterminent si, oui ou non, j'avais été un familier de Spaggiari. " Ne vous inquiétez pas ", m'a répondu Bonnet. J'ai également sollicité un rendez-vous avec Raymond Barre. Il ne m'a jamais répondu. J'ai compris à ce moment-là que j'étais un pestiféré. Seul Chirac m'a écrit une lettre me disant que lui Premier ministre, il m'aurait reçu à Matignon pendant un assez long temps, et qu'à la suite de cet entretien, il aurait fait une déclaration aux journalistes, indiquant qu'après m'avoir écouté, il conservait toute sa confiance en Jacques Médecin. Cela aurait mis un terme à l'affaire.

Après mon évincement du ministère, lorsque je suis de nouveau allé siéger au Parlement, je me suis inscrit au RPR dont le président m'avait tendu la main. »

Au contraire de Bert, Jean-Dominique Fratoni, le patron des casinos, est lui un ami d'enfance de Jacques. Au lycée, ils jouaient ensemble au football. Un Corse de plus ! On le sait, Médecin les apprécie, il aime en eux le sens de la parole donnée, le culte de l'amitié. Or Fratoni, avec son élégance scrupuleuse, sa voix chaleureuse, cette façon douce et ferme d'entreprendre les autres et de les mener là où il veut, est la quintessence du Corse qui a réussi dans les affaires. Quelles affaires ? Mais enfin, on ne pose pas ce genre de question ! Les affaires sont les affaires. Fratoni a perdu sa mère en couches ; son père, conducteur de tramway, blessé da la guerre 14-18, est mort jeune. Une cousine s'occupe du petit, lui donne une bonne éducation, tout ce dont un homme a besoin pour arriver La guerre finie, on retrouve Dominique à Londres, tenancier d'un cercle de jeux. Après avoir fait fortune, il décide de retourner au soleil et choisit Nice où il possède de nombreux amis. Le voilà implanté au Casino Club, un établissement de quartier, situé derrière les Galeries Lafayette. Jacques Médecin succédant à Jean, les deux hommes se retrouvent. Dominique raconte sa vie, Jacques se laisser aller à évoquer ses projets, dont celui de faire de Nice une capitale des jeux. Un Las Vegas, le luxe et le bon goût en plus. Lorsqu'à l'emplacement du vieil hôtel Ruhl s'édifie un complexe hôtelier confié à la chaîne Méridien, un casino est prévu pour remplacer le défunt casino municipal de la place Masséna. L'heureux propriétaire en est Fratoni en personne. L'opération ne déplaît pas à Médecin. L'inauguration a lieu en grande pompe, avec stars à l'appui, Alain Delon vient en ami. Les photographes s'en donnent à cœur joie, on prend Médecin, Delon et Fratoni sous tous les angles. A quelques mètres de là, le Palais de la Méditerranée, qui ne vit plus qu'à l'ombre de sa gloire ancienne, fait grise mine. Depuis quelque temps, ses actionnaires se livrent une guerre de clans. Dès cet instant, nul ne doute que Fratoni le charmeur ne lorgne ce Palais qui bat de l'aile. Le posséder étendrait son empire tout en éliminant la concurrence. Fratoni est gentil, mais ce n'est pas un saint. Fratoni est poli, mais c'est un malin. Commence ainsi ce qu'on a appelé la guerre des casinos, avec comme têtes d'affiche Mme Renée Le Roux, veuve de M. Le Roux, dernier patron du Palais, ex-mannequin, ultime rescapée de la guerre de succession qui secoue le Palais depuis des années et Dominique Fratoni, le Corse, l'homme de la Mafia, comme s'empressera d'écrire plus tard la presse. Quel rôle joue Médecin dans ce conflit qui ne le concerne qu'en tant que gestionnaire d'une ville que les taxes sur le casino font vivre pour une bonne partie ? Incontestablement, il soutient Fratoni : c'est un ami ; et plus concrètement, Jean-Do représente le dynamisme et l'efficacité.

Renée Le Roux est reçue par Jacques Médecin ; il lui fait remarquer que son casino n'est plus dans le coup et qu'il faudrait le mettre au goût du jour. « Oui, répond la veuve, d'ailleurs je vais le faire repeindre en bleu et blanc, ce sont de bonnes couleurs pour une station balnéaire, vous ne trouvez pas ? » Médecin, ahuri, ne paraît pas convaincu que la solution se trouve dans un coup de pinceau.

Mme Le Roux a trois filles. L'une, Catherine, se mêle peu des affaires de la famille ; l'autre, Patricia, veut transformer le Palais en maison de la culture ; et enfin Agnès voudrait récupérer sa part d'héritage. Part qu'elle veut partager avec l'homme de sa vie, maître Agnelet, un fringant avocat de gauche. Fratoni veut acheter, Mme Le Roux ne veut pas vendre. S'ensuivent de sombres démêlés financiers dignes d'un mauvais feuilleton d'Eugène Sue, jusqu'au jour où Agnès, qui entre-temps a vendu ses parts à Fratoni, disparaît. Elle disparaît à jamais. Assassinée, enlevée ! Mais par qui, et pourquoi ? Renée Le Roux vit tragiquement la disparition de celle qui l'a trahie, mais qui reste néanmoins sa fille. Elle remue le ciel et la terre, *Le Canard enchaîné, Le Monde* et *Le Nouvel Observateur ;* se transforme en justicière, en odalisque morale, elle qui jusqu'à présent avait joué (plutôt mal) une partie de poker serrée. Fratoni a-t-il envoyé au fond de la mer Agnès, l'a-t-il emmurée, comme on l'a écrit ? Aucun commencement de preuve n'a jamais été apporté. Fratoni, vieux cheval de retour, retors, jouant toutes les cartes possibles pour obtenir le Palais, oui. Fratoni tricheur, oui. Assassin, c'est vite dit. Que, là-dessus, Médecin, du simple fait de son amitié pour cet homme, devienne son complice, c'est encore plus vite jugé et conclu.

On ne peut nier certaines évidences. Il est vrai que des

hommes comme Spaggiari ou Fratoni le séduisent. Ils le séduisent car ce sont des aventuriers qui réussissent, des hors-la-loi, selon la tradition du western, bon cœur mauvaise tête. Jacques aime ces hommes qui jonglent avec cette loi que lui est censé respecter ; il les aime non dans l'intention de vouloir les imiter ou d'en tirer des profits, non, il les aime en spectateur, soudain placé au cœur du drame, en spectateur quittant son fauteuil de cinéma pour se mêler à l'action sur l'écran. Certes, un élu, un député, président du conseil général, maire de l'une des plus importantes villes de France ne peut, ne doit pas jouer dans un western de série B, ne serait-ce qu'en étant figurant. Malheureusement, cette figuration grandit de film en film, envahit l'écran, écrase l'action, réduit les autres acteurs aux seconds rôles.

Médecin n'y prend pas garde, ou trop tard. Sa passion toujours l'emporte, aucune leçon n'est profitable. Après tout, tel, justement, un héros de l'Ouest, ne s'en sort-il pas toujours ? De moins en moins blanc, dira-t-on. Noir sur noir. Oui, mais Médecin croit en son étoile, croit en ses amis. Dans le cas de Fratoni, sans doute trop. Tant pis, se dit-il en secouant la tête comme un enfant incorrigible, la prochaine fois je ferai attention. Jusqu'au jour où...

« *Mme Le Roux est une bourgeoise qui, grâce à sa fille Patricia, militante de gauche, a fait tonner contre moi tous les journaux de* L'Humanité *au* Nouvel Observateur. *Son discours est réducteur, d'une simplicité enfantine : Fratoni est un mafioso, donc Médecin son ami l'est aussi ; Fratoni a fait tuer ma fille, donc Médecin est son complice. Comment proférer de telles énormités ? J'aurais pu renier Fratoni, mais ce n'est pas mon genre, je ne renie pas mes amis. Et Fratoni, jusqu'à preuve du contraire, est mon ami, je suis persuadé qu'il n'a pas fait assassiner Agnès. Si demain on m'apporte la preuve du contraire, là je dirai : Fratoni, tu es un salaud. Mais pour l'instant c'est un homme qui a fait fortune avec le jeu — cela peut déplaire à certains, mais le jeu est légal en France.*

L'Etat, le premier, y trouve son compte. Peut-être a-t-il été maladroit dans une transaction de caractère privé, c'est fort probable, ce n'est pas à moi de juger. Mais quand Mme Le Roux laisse entendre que Fratoni est acoquiné avec la Mafia et qu'en conséquence je le suis aussi, c'est une tout autre histoire. L'objectif de quelques-uns, relayé par les journaux, de me dépeindre comme un homme malhonnête qui trempe dans des affaires sordides, qui magouille avec les pires salopards, est en train de s'accréditer. Les gens croient qu'il n'existe pas de fumée sans feu. Rien à faire, c'est une chose contre laquelle il est impossible de lutter. Je gagnerai, je gagnerai moins bien, mais je gagnerai encore... Il faut que je fasse attention, je dois arriver à faire éclater la vérité. Mais comment ? On ne peut pas sans cesse faire la preuve de son innocence. »

Le début des années 80 marque le tournant du règne. La vieille garde, celle du père, disparaît, atteinte par la limite d'âge, la maladie et la mort. Dès 1982, la régionalisation confère aux élus locaux un pouvoir quasi absolu. Les membres du groupe se sont implantés ; sous la houlette de Jean-Paul Claustre, la plupart des postes clés leur appartiennent. Contesté à l'extérieur, exposé perpétuel aux affaires, paradoxalement Médecin n'a jamais été aussi fort. Les pouvoirs de maire et de président du conseil général en font le chef incontestable du département. Rejeté par Paris d'autant plus que la gauche est au pouvoir, Jacques concentre toute son attention et son action sur « son » domaine. Féodal plus que jamais. Cet excès de pouvoir transforme peu à peu l'Héritier. Puissant et sûr de lui, il évince les conseillers, leur préférant les courtisans. Le passage s'effectue de façon non concertée, à son insu, par une sorte de mouvement naturel des choses, une dégradation interne au système. Au cœur de la spirale, les barons prennent place. Grand seigneur, Médecin lâche du lest, abandonne ses prérogatives, crée de véritables petits royaumes autonomes dans lesquels les barons détiennent des pouvoirs sans contrôle ou presque. Il en est ainsi, bien sûr, du Comité des fêtes où Claustre le premier se lance dans une politique de voltige financière. Il en sera de même avec les Cacel, sorte de mixture culturo-sportive, sous la direction de Jean-Claude Pastorelli, dit « Pasto ». Pris par la folie de construire, Pasto passe vite des terrains de tennis aux opérations immobilières avec tours de verre se dressant au ciel. Les roitelets sont pris de vertige : trop de liberté, trop de possibilité financière, dans des mains loin d'être toutes malhonnêtes mais certainement, pour la plupart, bien incapables d'assumer tant de responsabilités. Y a-t-il laxisme ou lassitude du prince ? Disons qu'avec l'arrivée d'Ilene, les centres d'intérêt se sont déplacés. Pour elle, Nice, la Côte d'Azur entière est un village, vue à l'échelle américaine. A son avis, Jacques ne peut s'en contenter. Elle le verrait bien président, roi, empereur, mais de quoi ? Elle a de l'ambition et une grande soif d'argent. Peu à peu, il apparaît que l'héritière des Factor est peut-être moins héritière qu'elle a bien voulu le laisser entendre. Sur le mystère de sa filiation avec la famille richissime américaine nous n'entrerons pas dans les détails ; qu'elle en fasse ou non partie, quelle importance ? « Dallas » nous a prouvé que la vulgarité et la cupidité peuvent en être l'apanage. A Nice Ilene s'ennuie ; elle a beau être la première dame de Nice, visiter les crèches, les œuvres de charité, assister aux vernissages et aux cocktails, tout cela lui apparaît terriblement provincial. Le temps lui pèse, elle pratique toujours aussi mal le français, conservant un accent terrible. De notre langue, elle retient surtout les mots crus qu'elle lance, impromptus, dans les moments les plus inattendus. Jean Icart, à l'époque adjoint au maire, conserve en mémoire la sortie d'Ilene le jour où Jacques la lui présenta.

« Le maire lui explique que je m'appelle Icart comme Fernand, le mauvais (Fernand Icart, à l'époque député de la troisième circonscription des Alpes-Maritimes, fut pendant un certain temps rival de Jacques Médecin), mais que mon prénom était Jean. " Ah bon ! s'écria-t-elle pas le trou-du-cul alors... " Elle comprenait mal le français mais tout ce qui tournait autour de la lubricité la faisait rire. »

Ce qui fait rire Ilene ravit Jacques qui en est toujours fou. Aux amis il raconte volontiers ses exploits amoureux. La jeune femme a peu de mal à convaincre son époux de partir aux USA aussi souvent que possible. Et une fois là-bas de ne pas se contenter d'y croiser les bras, d'y goûter le soleil, mais de se lancer dans le monde des affaires. Jacques cède, le couple achète des maisons, place de l'argent dans différents comptes et, paraît-il, passe des bijoux en fraude à la douane. Répréhensibles, toutes ces activités ? Pour le moins hors limites pour un couple normal ; pour les Médecin, placés sous haute surveillance, une faute. Ilene, qui s'ennuie toujours, fait venir en France une copine, la fameuse Claudette Pezenas, la vedette de « Droit de réponse », l'émission de Michel Polac où elle vide son sac, vérités et mensonges confondus. Claudette, véritable héroïne de faits divers, moitié française moitié américaine, conquiert l'amitié du couple qui la met en relation avec des hommes d'affaires français dont elle devient la correspondante aux USA. Représentante de commerce de luxe, touchant de somptueuses commissions (notamment sur les sanisettes), que, selon ses déclarations, elle partageait avec Jacques lui-même... le désormais célèbre « 10 % sur les chiottes ». Histoire sordide qui se terminera par un déballage non moins sordide, Claudette réclame à Jacques une somme de dix mille dollars que celui-ci lui devrait. Furieuse de ne pas toucher son fric, Claudette vend son dossier à Michel Polac. Résultat : les Français, et les Niçois essentiellement, retiendront d'une émission confuse que Jacques Médecin, à Los Angeles, se fait appeler « comte de Médicis ». Un éclat de rire un peu forcé conclura lamentablement cette affaire.

Médecin fasciné par l'argent, prêt à n'importe quoi pour en gagner ? De tradition familiale, on respecte l'argent ; ni on ne le dilapide, ni on n'en fait une raison de vivre. Mieux, en gens bien élevés, on en parle peu. La famille possède des biens qu'elle a su gérer. Jacques aurait-il franchi le pas ? A l'instar de tous les hommes politiques, ses campagnes électorales coûtent cher, il faut en trouver le financement auprès d'amis entrepreneurs et industriels, tous ceux qui travaillent régulièrement avec la municipalité. Qui, honnêtement, s'en étonnerait ? Les mœurs et les traditions politiques, pas seulement niçoises, sont ainsi faites. Seuls de grands naïfs peuvent penser que la politique est pratiquée sainement par des hommes au-dessus de tout soupçon ! Ilene a-t-elle contribué à faire pencher Jacques du mauvais côté ? La vérité est qu'en dehors des soupçons et des allégations portés par la presse, personne n'en sait rien à l'heure où ces lignes sont écrites. Pour certaines affaires, la justice suit son cours. Jusqu'à présent (printemps 1991), à part les problèmes fiscaux, aucune preuve formelle n'a été apportée. Ne soyons cependant pas plus innocent qu'il ne convient. Jacques Médecin, semblable en cela à bien d'autres responsables politiques, pouvait-il rester à l'écart de l'impact de l'argent ?

L'argent ? Jacques, « grand enfant », ne veut même pas en entendre parler.

« *Je gagne ma vie correctement, je possède quelques biens familiaux qui m'apportent des revenus convenables. Je bénéficie d'un appartement de fonction, d'une voiture de service, je suis invité la plupart du temps à déjeuner. Je ne joue pas, je ne fréquente pas les boîtes de nuit. A part les vêtements je ne m'achète rien. Juste la viande et le beurre. Pas même l'huile, elle vient de mon jardin... Alors, de l'argent, pour quoi faire ?* »

Pour l'homme de la rue, niçois d'origine ou d'adoption, les affaires dont il lit le compte rendu dans les quotidiens sont bien lointaines. Pour les opposants au régime, ces révélations régulières n'apportent rien de bien nouveau ; c'est politiquement qu'ils n'aiment pas Médecin, homme de droite, caricature pour eux du « beauf ». Que celui-ci en profite un peu ou beaucoup vient juste confirmer une opinion faite une fois pour toutes. Pour les autres, la majorité, Médecin demeure un bon maire. La personnalité de Médecin est si forte que la plupart du temps il lui suffit de paraître pour ruiner en quelques instants des jours entiers de campagnes de presse déchaînées. Par un curieux et peut-être unique phénomène, plus le maire est attaqué, vilipendé, plus un sentiment d'unanimité parcourt la cité, comme si, en la personne de son chef, c'était la ville elle-même et sa population que l'on voulait atteindre. Tous ces articles conçus pour déstabiliser la ville et faire trembler Médecin, on les lit, on les parcourt, on hausse les épaules ; vrais, faux, en vérité on ne veut pas savoir. La ville est prospère, son maire « présente bien », parle encore mieux, pourquoi vouloir changer ? Un sentiment de rejet tout à fait spontané parcourt les rues, les cafés, les places, à la lecture des journaux parisiens. Nice retrouve ainsi son esprit de clan, sa tentation, peut-être jamais tout à fait définitivement refoulée, de refermement. Tentation partagée par le Niçois de souche, de plus en plus minoritaire, mais aussi par l'habitant de la ville que ses origines soient italiennes, pieds-noirs, alsaciennes, ou ce que l'on voudra. L'un des paradoxes de cette cité, et non des moindres, s'affirme dans la conciliation étonnante du particularisme et de l'assimilation. Un peu comme si le Niçois ne pouvait imaginer que l'on puisse vivre à Nice tout en se voulant d'ailleurs !

Ce dont l'homme de la rue se méfierait, plutôt que du Prince lui-même, c'est de son entourage. Si Médecin conserve quoi qu'il arrive sa cote d'amour, il n'en est pas de même pour ceux qui quotidiennement l'environnent, ceux qui jamais ne le quittent, ceux qui font barrage, pas tout à fait hommes de main, ni gardes du corps, mais brigade infatigable et inévitable. Capitaine emblématique de cette force prétorienne : Max Gilli, l'homme-Protée du médecinisme. En succédant à Raoul Bosio à la tête des permanences ainsi que de toute la machine électorale, Gilli est devenu un des personnages les plus importants du médecinisme. Devant lui on tremble, certains font des pieds et des mains pour bénéficier d'un sourire de sa part, lui qui en est si avare ! Gilli possède l'oreille du Patron, dit-on, sa parole peut vous traîner en enfer ou vous conduire au paradis. Puissance exagérée sans doute ; il n'en demeure pas moins que Gilli est l'homme qui passe le plus de temps seul avec le maire dans les longs parcours en voiture. Les deux hommes s'expriment en niçois, êtres et événements sont jugés, classés, répertoriés, d'un mot, d'une saillie, d'un trait. Souvent effilé comme la lame d'un sabre.

La complicité de Médecin et de Gilli appartient à une des plus anciennes traditions méditerranéennes, celle du maître et du valet. Chef de troupe, dirigeant les campagnes électorales, brassant des millions, Gilli ne pratique pas les demi-teintes. Pour lui, il y a les bons et les autres. Les bons, ce sont les médecinistes convaincus et dévoués ; les autres n'ont droit qu'à son dédain. Pour Max, les tièdes sont déjà des traîtres, nuls tendance, école, digression, chemin de traverse ne sont autorisés, voire concevables. Le médecinisme de Gilli se vit avec la foi du charbonnier. Une globalité sainte. Douter, ne serait-ce que dans l'inconscient, c'est déjà pécher. A cette adoration percutante de Max pour son « Dieu », ses ennemis (il en a) disent qu'il y trouve son compte. Gilli, a-t-il fait fortune, comme plus d'un l'insinue ? Roi du pan bagnat, Max possède de nombreuses guérites dans les rues et places niçoises où l'on vend *socca* et sandwichs. Son visage de spadassin aux arêtes tranchantes, ses phrases définitives et assassines rendent mal à l'aise plus d'un, les anciens allant jusqu'à regretter la rondeur joviale d'un Bosio ! La rumeur publique s'est emparée de l'influence de Max, en la grossissant, la modifiant, le transformant en éminence grise au pouvoir diabolique. Mais Gilli ne possède ni l'intelligene de Mazarin, ni la spiritualité perverse de Raspoutine. Il lui reste la rouerie à la niçoise, c'est déjà pas si mal.

« *L'entourage... L'entourage, évidemment je ne suis pas un directeur d'entreprise avec une flopée de cadres supérieurs parlant plusieurs langues ; je suis un homme politique, un élu du peuple, mon entourage est composé par les gens qui veulent bien me soutenir. Pourquoi n'aime-t-on pas Max Gilli ? Parce qu'il m'est très dévoué, parce que c'est un fantastique organisateur, voilà pourquoi ! Mais cela dit, Gilli n'influence absolument pas mes décisions politiques, il prétendrait le faire que je l'enverrais au bain... Gilli n'a aucune force de conviction sur moi. On le voit beaucoup en ma compagnie, ça ne signifie pas pour autant qu'il pense à ma place aux grands équipements de la ville. D'ailleurs, il s'en fout ! On affirme qu'il me sert de garde du corps, disons qu'il me protège. Gilli est prêt à se faire tuer pour moi... Après tout, je ne suis pas à l'abri d'un illuminé qui voudrait " se " faire la peau de Médecin...* »

Non, ce ne sera pas un tueur fou qui aura la peau de Médecin. Ce sera Médecin lui-même. Un Médecin hanté, harcelé, acculé, réfugié dans des camps de moins en moins retranchés. Haï par la gauche, répudié par la droite, entouré d'une poignée de partisans dont certains sont prêts à le trahir. Homme seul, bientôt loup traqué, solitaire.

Il fait encore très chaud en ce matin du 9 septembre 1990. Ce soleil implacable qui a brûlé la Côte d'Azur durant tout l'été. Brûlé les êtres et la nature, les hommes et les arbres. Dans la salle des pas perdus de l'aéroport, Jacques Médecin attend l'heure du départ. Amaigri, les yeux cernés, sa haute stature se détache du petit groupe d'officiels qui l'accompagne. Le voyage traditionnel au Japon, un rite depuis des années. Voyage officiel meublé de visites aux maires des grandes villes, et aux divers responsables du tourisme nippon. A l'inverse de son habitude, le maire reste silencieux, sourit vaguement à ses familiers, sans chercher à engager la conversation.

Maître Lambert évite le groupe et se dirige vers Médecin. Les deux hommes s'éloignent. Les regards des officiels les suivent. Tous connaissent Henri-Charles Lambert, l'avocat de Jacques. Aucun commentaire, mais chacun doit supputer les raisons de cette rencontre tardive.

Jean Oltra s'affaire ; le responsable de Nice-Communication veille aux valises du patron, au bon fonctionnement du départ. Lui sait. Jean est de tous les secrets. Il sait que le maire ne reviendra plus, que ce départ pour le pays du Soleil levant ne connaîtra pas de retour. Une fuite déguisée. Il a tout organisé, au mieux, pense-t-il. Sous le masque du bon gros, de l'homme affable, de la grande gueule jamais à court d'un jeu de mots, Oltra refoule une détresse infinie. Depuis des jours, l'angoisse lui colle à la peau. Le poids secret d'une tragédie ignorée de tous, des amis comme des ennemis, des proches comme de la population. Tragédie qu'il voudrait effacer, faire comme si, par un signe bénéfique des dieux, le cours du destin allait changer, comme si le bon vieux temps revenait soudain ! Pourtant, inutile de fermer les yeux, ce cauchemar-là n'a pas besoin de la nuit pour faire mal.

Henri-Charles Lambert est venu voir son client pour la dernière fois avant longtemps, peut-être pour toujours. Pour ce jeune avocat, l'honneur est redoutable. Dans le coffre de son cabinet du boulevard Victor-Hugo attendent plusieurs lettres, dont celle de la démission officielle de Jacques Médecin. Sa venue ce matin est plus amicale que réellement professionnelle ; tous les détails ont été mis au point, désormais seul un miracle peut empêcher l'inéluctable de se produire. Et au miracle, Henri-Charles, catholique fervent pourtant, n'y croit plus...

— Réfléchissez bien, monsieur le maire, rien n'est irréversible, j'ai encore de la procédure sous le coude, nous pouvons voir venir.

— Non, répond Médecin, je n'ai pas l'intention de réfléchir plus longtemps. Vous voyez cette salle ? Pendant des années, il suffisait que je la traverse pour être assailli, les gens se précipitaient pour me saluer, pour être aperçus, pour m'adresser la parole ; regardez, aujourd'hui personne ne semble me remarquer, regardez comme ils sont tous occupés dans une autre direction. Non, mon petit Lambert, vous suivrez les consignes. Maintenant, rejoignons les autres, ils vont se demander ce que nous complotons. Ils se demandent déjà tant de choses.

Jacques Médecin, en franchissant le contrôle des bagages à main, ne se retournera pas. Lambert est resté dans le hall ; pour lui et pour lui seul, le rire du maire qui fuse plusieurs fois avant que sa silhouette ne disparaisse, ressemble à un ricanement.

Médecin pense-t-il à son père dans l'avion qui s'élève, à celui qui a su devenir roi dans cette ville que lui aujourd'hui quitte pour ne plus y revenir ? Mais il a déjà trop pensé. Maintenant, il veut bloquer son esprit, faire le vide et surtout ne pas regarder en dessous, la mer si mince, fragile le long de la grève, les deux bateaux blancs, immobiles, posés sur l'eau, la Promenade, long couteau noir planté dans le ventre tendre de la Baie des Anges, les collines bleutées et, immédiatement après, la pierre grise et verte de la montagne, et puis plus rien... A Lambert, avant de s'embarquer, il a glissé : « Vous comprenez pourquoi je ne veux plus réfléchir ? »

Les nuages, le ciel, Nice est désormais très loin mais lui ne peut pas s'empêcher... non, il n'y arrive pas, toujours la même litanie dans sa tête, l'antienne de malheur. Son visage se crispe. Médecin n'a jamais été si bel homme qu'en ces temps de malheur, il a perdu le côté « beauf » qui lui a valu ses premières moqueries, sa gueule bosselée et tavelée ressemble à celle d'un vieil aventurier fatigué... Si fatigué, l'antienne le reprend, pire qu'une chanson sirop dont on ne peut se décoller. L'antienne du complot.

« *Je réussis. Je suis le maire le plus culturel de France ; merde, ça ne leur plaît pas, la culture c'est eux. Je suis le maire le plus social de France ; merde, le monopole du cœur c'est eux ! Je crée des emplois, je relève le niveau de vie, je dynamise le département. J'ai embelli et modernisé Nice plus qu'aucune autre ville de France. Le directeur de la DATAR me l'a encore affirmé l'autre jour. Alors, ça les rend fous, parce que ça, ils ne peuvent pas le nier, c'est l'évidence. Ils sont malades de penser qu'un maire de droite ait pu faire tout cela ! Ah, si j'étais de gauche, ils me citeraient en exemple. Un homme de droite, c'est quoi au juste ? La réponse est simple : un homme de droite, c'est un type que la gauche a cambriolé. Moi, ils m'ont tout pris, le Drapeau, la Liberté, l'Egalité, la Fraternité, la République, la Nation, le Patriotisme, la Marseillaise même l'Eglise, tout, ils m'ont tout pris. J'avais tout ça pour moi, maintenant c'est à eux, tout à eux. C'est incroyable... Un complot. Le vrai complot.* »

Complot, qui oserait l'affirmer ? Acharnement sans aucun doute. La machine s'est emballée après les élections municipales de mars 1989 où Jacques Médecin l'a emporté avec 47 % des suffrages devant le socialiste Jean-Hugues Colonna : 33,5 %. Dès le mois d'octobre, les limiers de la brigade financière de la PJ parisienne débarquent à Nice et perquisitionnent au domicile du maire et au siège des différentes associations proches de la mairie. En novembre, Jacques Médecin est accusé de délit d'ingérence sur plainte du même Colonna pour avoir fait paraître dans *L'Action Nice-Côte-d'Azur* des publicités en provenance d'associations paramunicipales. *L'Action*, dont Médecin fut le propriétaire de 1972 à 1989. En juin 1989, le tribunal administratif de Nice avait rejeté la demande d'annulation des élections demandée par Colonna pour ce même délit d'ingérence. Colonna, qui entrevoit une possibilité de destituer celui qu'il n'arrive pas à battre par le suffrage universel, récidive. Il dépose un recours en Conseil d'Etat. Conseil d'Etat qui quelques mois plus tard le déboute. Ancien professeur d'éducation physique, Colonna entre-temps a été appelé à Paris au ministère de l'Intérieur où officiellement il s'occupe de l'entraînement sportif des fonctionnaires de police ! Le maire se retrouve donc le 17 novembre 1989 inculpé toujours pour les mêmes faits mais cette fois-ci au pénal. L'ingérence, dont la plupart des maires de France pourraient être accusés si on s'y intéressait de plus près, n'est qu'un leurre, de la poudre aux yeux en attendant mieux.

Le mieux, c'est dans les coffres de Nice-Opéra qu'on le trouve. Les inspecteurs y ont déniché d'étranges papiers, de non moins étranges sociétés panaméennes chargées de recruter de belles voix internationales. Chaque jour, la presse, ravitaillée de source sûre, déverse son lot de révélations. On se perd dans un dédale de sociétés qui communiquent à travers les océans, de comptes bancaires multiples, de courroies de transmission... Transmission de quoi ? Mais d'argent détourné au détriment des contribuables niçois. Argent détourné par les responsables des associations, pour leur propre compte ou au bénéfice du maire lui-même ! Rapidement on n'insinue plus, on affirme. La presse, et pas uniquement celle de gauche et pas seulement la parisienne, mais aussi celle de droite, mais aussi *Nice-Matin* lui-même s'empare de l'affaire Médecin. Un faisceau de présomptions accablantes, suffisant pour déstabiliser le Prince ? Après tout, des hommes politiques compromis dans des affaires financières scandaleuses, la France n'en est pas chiche, de Nucci au maire socialiste d'Angoulême, Boucheron, pour ne citer que les plus récents. Mais il y a plus grave. Une erreur impardonnable qui motive la formidable cristallisation médiatique anti-médeciniste.

Une petite phrase, une de plus, une de trop... La dernière. Au printemps 1990, le Front national tient son congrès à Acropolis, avec parmi les invités de Le Pen l'ancien Waffen SS Franz Schoënhuber, président en Allemagne d'un mouvement d'extrême droite. Trois membres de la communauté israélite élus un an auparavant, conseillers municipaux sur la liste Médecin, démissionnent. Les journalistes se précipitent micro en main pour recueillir l'opinion du maire. Médecin, agacé, assailli, se lance dans un commentaire nébuleux qui dérape soudainement avec ce morceau de phrase qui sera repris par tous les médias : « ... Il [Jacques Médecin] ne connaît pas un israélite qui refuse un cadeau qu'on lui fait. »

La sentence est digne du Café du Commerce. Médecin antisémite ? Certainement pas. Mais Médecin qui, selon son habitude, n'a pas su contrôler une certaine incontinence verbale, le Médecin capable de dire parfois tout et n'importe quoi, le Médecin déboussolé se réfugiant dans les mauvaises plaisanteries de comptoir. Un Médecin certainement inconscient de ce que sa « sortie » allait déclencher.

Dès le lendemain la foudre tombe sur lui avec l'accusation de racisme. Un tollé général, médiatique et politique. Cette fois, la réprobation est unanime. La droite, la bonne, lui tourne le dos. Juppé et le RPR le jettent aux orties. Médecin de calamiteux est devenu intouchable. Nice se réveille avec un sentiment de gêne. On sait, ou on devrait savoir, que depuis toujours la politique des Médecin s'est faite avec l'appui de la communauté israélite. L'Héritier quant à lui a défilé dans les rues avec les juifs de Nice lors du conflit israélo-arabe, partisan inconditionnel d'Israël, pays qu'il aime citer en exemple pour son courage, ses mérites, sa volonté de gagner. Les médecinistes volent au secours du Patron, dans les rues, les bistrots, partout, ils se précipitent pour rappeler aux sceptiques l'idylle israélo-médeciniste. Bien sûr, tout cela est vrai, mais pourtant le doute est là, il s'installe, s'implante. Bon, il a dit une connerie d'accord, mais à force...

Dans Nice, ce n'est pas encore la curée mais déjà la lassitude. Médecin KO debout assiste, sidéré, aux répercutions de sa petite phrase. Son frère Pierre témoigne de son accablement.

« J'ai parlé de l'affaire avec lui, la tour Eiffel lui serait tombée dessus que cela n'aurait pas eu plus d'effets. L'idée qu'il puisse être condamné par les juifs lui apparaissait comme une injustice, lui qui toute sa vie avait pris fait et cause pour Israël ! Je pense que ça l'a profondément blessé, une des raisons certainement de son départ. »

Dans les réceptions, dans les couloirs mêmes de la mairie, des juifs qui tutoient Médecin, le connaissent depuis les culottes courtes évitent de le saluer. Médecin refuse l'évidence, il rejette toute la faute sur les médias, qui ont truqué son intervention. Il se défend, comme toujours, mais le cœur n'y est plus. Le désarroi et l'amertume s'emparent de lui. A plusieurs reprises, au débotté, il évoque obscurément l'après-médecinisme, Nice débarrassé de son encombrante personne. Déprimé ? Oui, affirme Pierre Médecin citant la déclaration d'un professeur de neuropsychiatrie qui à l'époque avait eu l'occasion de s'entretenir avec Jacques : « Cet homme se trouve dans un état dépressif avancé, et personne ne s'en rend compte. »

Personne, non, et surtout pas l'entourage qui, coupé du monde extérieur, aveugle à tout ce qui n'est pas lui-même, sourd aux tempêtes qui secouent le palais, s'enferme et s'enferre dans son délire de royauté hors les lois. Il y a l'argent, toujours l'argent... On continue de jongler d'associations en associations, on emprunte aux banques. Là non plus, personne pour hurler stop ! Personne, absolument personne pour jeter un cri d'alarme surtout, personne pour alerter le Prince, par peur de déplaire. Personne pour lui parler d'homme à homme, lui dire que peut-être il n'est pas trop tard pour renverser la situation, tenter au moins d'arrêter la course, remettre le système à plat et, par la même occasion, reprendre en main les hommes qui en vivent. Mais le téméraire capable d'entreprendre le maire pour lui dire la vérité eût-il existé, rien ne dit qu'il aurait pu s'exprimer. Depuis des années, entre ses interlocuteurs et lui, le maire dresse un mur de paroles, une digue infranchissable. Dans ces conditions, au bout d'un moment, le protagoniste le mieux disposé prend conscience de son inutilité et abandonne tout espoir de percer ce flot de paroles lancinant. Pourquoi un tel déluge de mots ? Par fanfaronnade, pour se protéger ? Sans doute les deux. Jacques Médecin, la bête politique, le taureau, la locomotive, n'aime pas se sentir vulnérable. Il craint l'autre qu'il a tendance — résurgence du complexe de l'autodidacte — à considérer comme mieux armé que lui. Seule façon d'éviter le danger : amener l'interlocuteur sur son propre terrain, celui du discours, le noyer dedans. Mur du langage pour écarter les réflexions qui jettent le trouble, muraille de l'entourage pour couper la route au vent porteur de doute. Définitivement clos à partir du printemps 1990, le médecinisme ressemble à une bombe à retardement dont on a perdu le mode d'emploi pour stopper l'engrenage fatal.

En juillet, Jacques Médecin inaugure le musée d'Art moderne. Ce qui devait être le couronnement culturel du Prince est compromis par le boycott de certains artistes, des journalistes parisiens et surtout du ministère de la Culture qui refuse le prêt des œuvres appartenant à ce qu'il est convenu d'appeler l'école de Nice : Arman, Klein et quelques autres. Boycott d'un musée international que l'Etat n'a financé qu'à hauteur de 13 %, laissant faire pour le reste la région, le département et la ville. Boycott surprenant d'une création ouverte à tous, appartenant à tous. Mais désormais, ce qui concerne Médecin est tabou. La dernière ligne droite est commencée. Parmi les artistes absents, Arman, qui pourtant avait visité plusieurs fois le chantier en compagnie du maire, Arman, autour de qui s'était élaboré ce musée voué entièrement à l'art moderne et plus particulièrement aux tenants de l'école de Nice. Pourquoi Arman et d'autres ont-ils décidé de ne pas assister à l'inauguration de ce qui, beaucoup plus qu'un simple bâtiment, peut être considéré comme un symbole de l'art contemporain ? Toujours, bien sûr, la malheureuse petite phrase. Malgré la foule venue en masse, la déception est terrible pour Jacques.

Durant des années, il a tenté et presque réussi à faire oublier son image « fasciste », essentiellement parmi les membres de cette école qu'il appréciait et imposait à travers la ville : César et Arman à Acropolis, Venet au jardin Albert-Ier, Sosno à l'Elysée Palace, Fahri au centre d'affaires de l'Arénas. Fier comme un gamin de cette petite bande de créateurs « médecinistes ». Leur lâchage le jour même de l'inauguration du musée conçu à leur gloire lui apparaît comme une trahison, un coup d'épée dans le dos.

Lors du discours, il rappelle à Jack Lang que la culture ne lui appartient pas et confirme aux artistes qu'ils sont chez eux, quelle que soit leur opinion politique. Un beau discours, sans digression ni improvisation, un discours digne, écorché, douloureux pour qui sait entendre à travers les lignes. Son dernier grand discours.

L'été, le couple Médecin a ses habitudes. En juillet, il part pour la Californie et ne revient que dans la deuxième quinzaine du mois d'août. Mais pour ce dernier été du médecinisme, il n'en sera pas de même. Dès le mois de juin, Ilene disparaît, on la dit aux USA. Jacques ne doit la rejoindre que plus tard. Mais ce n'est plus un mystère : entre Ilene et Jacques, de la passion il ne reste même plus les cendres. Ilene, malade, déprimée, supporte mal le climat de tension autour de son mari. Elle avait épousé le « roi de la Côte d'Azur », elle se retrouve avec un homme traqué. Les premiers jours de juillet, Jacques les passe seul à Nice dans son appartement de la préfecture, face au cours Saleya. Le matin, ce sont les cris des maraîchers qui le réveillent ; par la fenêtre lui parviennent les parfums de son enfance, inchangés ou si peu. Les couleurs tendres des légumes, l'écho des rires, quelques disputes, le roulis des derniers charretons... Nice est là. Médecin pense certainement qu'il va devoir la quitter.

Le 12 juillet, en pleine canicule, les lecteurs de *Nice-Matin* s'attellent à comprendre une affaire dont les méandres sont difficiles à suivre. Une histoire de renégociation de la dette de la ville confiée en 1986 par la municipalité à une société spécialisée, dette en partie effectivement renégociée, mais avec au passage une commission énorme de 5,3 millions de francs destinés à une jeune femme de vingt-trois ans, Elisabeth Arnulf. Entre-temps, la jeune prodige du recouvrement de dettes est devenue la directrice d'Europe-Show, une société d'organisation de spectacles. Prince et Madonna à Nice, c'est elle. En vérité, la société est l'un des fleurons de Lucien Salles, directeur de Nice-Opéra, l'une de ces associations qui, au sein de l'empire, ont su creuser leur trou. Salles joue un rôle très important dans l'entourage : son fils Rudy est député giscardien, lui-même a la haute main sur cette association déjà sur le gril par le biais de ces fameuses sociétés panaméennes auxquelles Nice-Opéra aurait versé des sommes fabuleuses destinées à recruter de nouveaux talents lyriques. Lucien Salles est un homme comme les aime Jacques, qui, partis de rien, savent émerger et gagner de l'argent. Sa vie ressemble à du Balzac réécrit par Sulitzer. Des débuts dans la bonneterie comme représentant de commerce, puis un virage dans l'organisation de concerts à l'époque du yéyé triomphant. Premier coup de chance, premier gros lot, Lucien devient l'imprésario producteur de « La Famille Hernandez », spectacle pied-noir qui fait fureur.

L'argent rentre mais ressort aussitôt dans la production d'un film sans lendemain et surtout sans spectateurs. Ruiné, Lucien rebondit en devenant l'homme d'affaires de Claude François. L'argent rentre de nouveau. Prudent, il conserve un pied à Nice, l'autre à Paris, ce qui n'est pas une mauvaise idée : ainsi, quand Claude François meurt, Lucien se replie sur la capitale de la Côte d'Azur où ses prouesses séduisent le maire. Jacques lui confie la gestion de l'opéra qui a besoin d'un sérieux coup de dépoussiérage. Salles pour les finances, Pierre Médecin pour l'artistique, la grande salle de la rue Saint-François-de-Paule retrouve son prestige.

Salles ne serait pas un héros de roman s'il n'avait que des « qualités ». Heureusement, il possède aussi quelques faiblesses côté cœur. A la belle et jeune Elisabeth, il ne sait rien refuser. Elle veut s'occuper de spectacles, il lui monte Europe-Show et l'installe dans les locaux de l'opéra. La jeune gagneuse y régente son monde. Par quel biais la même Elisabeth se retrouve-t-elle à renégocier les sommes énormes dues à la ville de Nice ? Impossible à déterminer. Unique certitude ; il s'agit de l'une des aberrations les plus spectaculaires de cette fin de règne. Des 5,3 millions on ne verra plus la couleur. Elisabeth dit les avoir prêtés à un ami aux USA. Elle-même, après avoir été gardée à vue par la police, prend la poudre d'escampette, laissant derrière elle une odeur de scandale.

Lorsqu'il apprend la nouvelle, le maire est aux USA. Du rôle d'Elisabeth, il paraît tout ignorer. A Nice, le secrétariat général de la mairie, par l'entremise de M. Gouazé, fait savoir qu'il s'agit d'une affaire de droit privé. Si la société négociatrice a reversé une partie de cette commission à des particuliers, c'est son problème. En attendant, Jacques Médecin se retrouve avec une accusation de comptabilité de fait, suspendue au-dessus de sa tête. La confirmation de ce jugement, même provisoire, lui vaudrait d'être destitué par simple décision administrative. Décision qu'à l'époque on imagine imminente.

Huit mois après le départ du maire, cette décision qui paraissait si urgente n'a toujours pas été rendue par une Chambre régionale des comptes soudain paresseuse.

LE 10 septembre 1990, le lendemain du départ pour le Japon de Jacques Médecin, les Niçois sont déconcertés à la lecture dans *Nice-Matin* d'une interview qu'il a donnée peu de temps avant de prendre l'avion à Paul Barelli, de RMC. On y sent une grande lassitude, au-delà de la colère et de la rage, un désespoir profond. Médecin évoque pour la première fois officiellement l'après-médecinisme : « Je n'ai aucun successeur à désigner, ni dans ma liste, ni à l'extérieur », et d'ajouter :

« Le médecinisme, il dure ce que dure la famille Médecin. Moi, je n'ai pas d'héritier mâle. Je n'ai pas formé de membre de ma famille pour me succéder. Je n'en ai pas qui le souhaite. Je sais très bien que le médecinisme risque de s'éteindre avec moi. Je me dis que je ne suis pas éternel et que je pourrais être englouti par la mort cette nuit, il se passerait bien alors quelque chose. Peut-être que Dieu aura voulu que j'assiste à ce qui se serait passé si j'avais été englouti par la mort. Ce qui fait que ça me permettra d'y assister mais en bonne santé... »

Un tel sentiment de tristesse chez un homme comme Médecin laisse deviner une fracture irréparable; plus personne ne peut en douter. Geneviève Médecin est la première à s'en inquiéter : « Cette lettre lui ressemblait si peu. Même le dos au mur, mon frère avait l'habitude de se battre. »

Toute la semaine va bruisser de spéculations : reviendra, reviendra pas ? FR 3 régional filme un camion de déménagement rue de la Préfecture, camion appartenant à une entreprise spécialisée dans les déménagements à l'étranger. Certaines personnes affirment avoir vu Ilene s'occuper elle-même des valises. Information exacte : Ilene quitte la France sans regret. La seule personne à qui elle dira adieu, ce sera Max Gilli. « Max m'a confié, raconte Geneviève, qu'Ilene lui avait dit : il faut que je quitte Nice. Je prends ma fille et nous partons définitivement. »

Pendant ce temps, au Japon, Médecin, toujours maire de Nice, négocie avec les responsables du tourisme nippon, la routine. Faire semblant, maintenant, cela fait plus d'un mois qu'il en a l'habitude, depuis ce jour d'août où à Phoenix, en compagnie de sa fille aînée Martine et de son gendre, il a pris la décision de démissionner. Effectivement, c'est dans la chaleur de l'été texan, à des milliers de kilomètres de Nice, que Médecin a abandonné le combat. Martine a joué un rôle primordial dans ce renoncement. Martine et son fils Bastien. Durant plusieurs semaines, le Prince a joué au papa gâteau avec le petit garçon que lui n'est pas arrivé à faire. Le grand regret de sa vie. Médecin en pantoufles, retrouvant les valeurs simples, voire simplistes de la vie de famille, l'image est trop pieuse, trop bien venue. Pourtant, Henri-Charles Lambert son avocat n'en doute pas un instant.

« Si Médecin avait eu un fils, les choses ne se seraient jamais terminées comme ça. La façon dont il a tourné la page, de manière si brutale, presque anormale, s'explique par le fait qu'il ne possédait aucune descendance mâle. Lorsqu'il a découvert son petit-fils, il s'est pris pour lui d'une affection extraordinaire. Tout d'un coup il s'est dit : " J'ai soixante-trois ans, je n'ai pas vu passer le temps, et je suis toujours à faire le pitre politique. Bientôt je vais entrer dans la dernière période de mon existence. " La confrontation entre sa vie intime et la situation dans laquelle il se trouvait l'a fait réfléchir dans une direction inattendue pour lui et l'a aidé à mûrir sa décision. »

N'est-ce pas devant tous les membres du clan familial réunis (environ soixante-dix personnes) que, le 29 septembre, Jacques Médecin aurait dû annoncer son intention de quitter le poste de premier magistrat de la ville ? L'occasion était superbe : ce jour-là, on devait fêter l'achat par le grand-père Alexandre de la propriété de Gairaut. Dans son esprit, Jacques a plusieurs fois répété la scène. Il se serait avancé au-devant des siens, aurait pris la parole comme d'habitude, célébré Alexandre et Jean, cette famille qui avait su résister au temps. Seulement, au lieu de terminer par l'évocation de la continuation du médecinisme en sa personne, il aurait rompu la litanie sentimentale en proclamant sa démission. Cent ans ! La boucle était bouclée. Il fallait savoir se retirer en beauté. Ah ! comme il aurait su trouver les mots pour arracher les larmes à toute l'assemblée et peut-être même à lui-même !

Seulement voià, en s'envolant pour Tokyo, il sait déjà que cette grande fête de famille, sur les collines illuminées par le soleil d'automne, n'aura jamais lieu. Du moins pas en sa présence. Dans le fond, il se demande si ce n'est pas mieux ainsi, pas de larme, pas de regret, pas de mot inutile. Disparaître de la scène, se volatiliser à la surprise générale, voilà qui a du panache. Une dernière fois jouer au Fantomas, au Rouletabille, et pourquoi pas, bien que venu plus tard dans la galaxie, au Spaggiari...

La délégation partie avec le maire au Japon rentre à Nice directement Médecin et Oltra font un détour par l'Argentine. La presse s'en étonne. Le cabinet du maire répond que cette prolongation du voyage était prévue, le maire et le directeur du Comité des fêtes (où Jean Oltra, outre ses fonctions de directeur de Nice-Communication, a succédé à Jean-Paul Claustre) doivent rencontrer en

Amérique du Sud les responsables de divers carnavals susceptibles d'effectuer des échanges avec Nice.

Dans son cabinet feutré de jeune avocat à la célébrité naissante, Henri-Charles Lambert vit sur des charbons ardents. Quel jour, à quelle heure retentira la sonnerie fatidique du téléphone ? Les mauvaises nouvelles s'accumulent. Les douaniers de l'aéroport de Roissy ont saisi une valise adressée à Jacques Médecin dans les bagages d'une jeune Niçoise en partance pour l'Amérique. Valise contenant pour six cent mille francs de liquide et divers objets personnels. Dénonciation de la dernière heure ? Machination ? Imprudence de Jean Oltra, demandant à un inspecteur des renseignements généraux de faciliter le passage de la jeune femme ? Le résultat est le même. La une des médias, goutte d'eau supplémentaire qui fait déborder le vase du côté du maire, puisque c'est en apprenant ce nouvel incident que Médecin aurait déclenché le processus. Pour lui l'affaire, une de plus, est un coup monté, un de plus ! « Bientôt, dit-il, c'est de la drogue qu'ils vont placer dans mes bagages. » Défile dans sa tête l'image qui hante ses nuits : son arrivée à l'aéroport de Nice menottes aux poignets entre deux gendarmes sous les flashes des photographes et les caméras de télévision.

Samedi 15 septembre 1990, 15 heures. Maître Lambert, comme souvent le samedi après-midi, travaille à son bureau. Il profite de ces débuts de week-end pour consulter tranquillement ses dossiers. Inconsciemment aussi peut-être attend-il. La sonnerie résonne plus fort que de coutume dans les locaux déserts, elle fait frissonner ce royaliste de cœur, transformé en messager des dieux dans une tragédie dont les vibrations du téléphone annoncent le dernier acte.

La conversation est brève. La voix lointaine, étouffée est bien celle du Patron.

— Allez-y, mon petit Henri-Charles...

— Vous êtes sûr, monsieur le maire?

— Oui.

— Quand?

— Aujourd'hui.

Maître Lambert raccroche. Il savait. La logique même du caractère de son client, les implications multiples et complexes des affaires, tout, absolument tout devait aboutir à cette minute fatidique. Il n'en demeure pas moins : à l'instant de l'irrémédiable, Henri-Charles est pris d'un vertige douloureux. La fin. La fin du monde? Non, bien sûr. La fin d'un monde certainement. En cette quiétude de samedi après-midi, l'un des derniers de l'été, lui seul possède le secret de l'éclair précédant le tonnerre. Maintenant, il faut agir. Il ouvre le coffre, saisit les trois lettres qui s'y trouvent, referme le coffre, quitte le bureau et en automate regagne son domicile. Premièrement, s'habiller : costume sombre, chemise, cravate, et puis... Au standard de *Nice-Matin,* il demande le P-DG, Michel Bavastro.

— De la part de qui?

— Maître Lambert.

— Ne quittez pas.

A l'autre bout du fil, une voix jeune, celle de Gérard Bavastro, l'héritier de l' « autre empire ».

— Il faudrait que je rencontre votre père ce soir même, c'est très important.

Henri-Charles a dû être assez convaincant dans le son de sa voix, le fils Bavastro ne demande pas d'explication.

— Très bien, fait-il, mon père vous rappellera dans quelques instants.

— Parfait, je ne bouge pas de chez moi.

Lambert imagine Gérard Bavastro joignant son père, peut-être dans sa villa de Cimiez. Les deux hommes doivent se douter de quelque chose. Si l'avocat de Médecin a été si impératif, c'est que les nouvelles sont graves. A peine quelques minutes plus tard, Michel Bavastro appelle :

— Allô, maître, que se passe-t-il ?

— Monsieur le président, il faut que je vous voie en fin d'après-midi.

— Vous ne pouvez pas m'en parler immédiatement ?

— Non, d'abord parce que j'ai quelque chose à vous remettre, ensuite parce que ce que j'ai à vous dire ne peut être confié par téléphone.

— Bon, je vous attends au journal à 18 h 30.

A l'heure précise, Lambert est introduit dans le bureau directorial du grand immeuble de verre de *Nice-Matin* dans la plaine du Var. Michel et Gérard Bavastro sont seuls dans l'immense pièce climatisée.

Henri-Charles, depuis, presque chaque jour, revit la scène. Il se revoit s'avançant et tendant les deux lettres manuscrites à Bavastro, l'une assez longue qui lui est adressée personnellement et l'autre que les Niçois découvriront le lendemain matin.

« Il y eut un long silence, se souvient l'avocat. Le P-DG a lu les deux lettres très attentivement. Je peux affirmer qu'en détachant ses yeux des missives, il y avait chez lui sinon de l'émotion, du moins de la gravité. A cet instant il m'a dit : " Jacques Médecin restera un grand maire de Nice. Je ne vois vraiment pas qui aura dans le futur les épaules pour faire ce qu'il a fait. Et je ne le vois certainement pas parmi ceux qui sont autour de lui. " Sur ces mots, nous nous sommes quittés. Jusqu'à 23 heures, Michel Bavastro a interdit à quiconque de quitter les locaux du journal, il a fait contrôler toutes les communications téléphoniques. Jacques Médecin, dans sa lettre privée dont j'ai un double, lui précisait qu'il lui offrait ce scoop et qu'il ne désirait pas que la presse parisienne s'en empare avant que *Nice-Matin* soit paru. Dans cette lettre, Jacques Médecin s'adressait avec beaucoup de chaleur à celui qui avait été un redoutable adversaire. Ce qui dénote qu'il existait entre ces deux hommes un sentiment comparable à celui qui surgit entre deux lions qui se sont longtemps mesurés et qui avec le temps transforment leur hostilité en une estime réciproque. L'un dans la lumière, l'autre dans l'ombre. »

La troisième et dernière lettre, la démission officielle, était adressée au préfet des Alpes-Maritimes, Yvon Ollivier.

Les ombres de la nuit tombante enveloppent la vieille demeure de Gairaut ce samedi soir-là, Geneviève, comme d'habitude, est venue embrasser Amélie. A son arrivée, la présence d'une 405 noire sur le terre-plein en gravillons l'étonne. Ce n'est plus l'heure des visites. La soirée est fraîche et humide comme elles le sont en fin de saison sur les collines niçoises. En avançant vers le visiteur, Geneviève reconnaît l'avocat de son frère.

— Hé ! Quel bon vent vous amène ? s'exclame-t-elle de sa voix chantante, marquée par l'accent.

— Ah ! Geneviève, ce n'est pas un bon vent du tout. Je viens de porter la lettre de démission de Jacques à Bavastro.

— Mais c'est sûr ?

— Oui, malheureusement.

— Mon Dieu, ce qu'il va être malheureux...

« Ce sont les premiers mots qui me sont venus à l'esprit, soupire Geneviève, avant même d'accuser le coup, de réaliser la chose. Alors Lambert m'a dit que tout l'été ils avaient échangé à ce propos de nombreuses lettres. Mais que chaque fois qu'il évoquait la solitude future de mon frère, Jacques répondait en lui parlant de Dieu, de la providence, du destin... C'est tellement étonnant de sa part. »

Etonnant, peut-être, mais jusqu'à quel point connaît-on un homme avant que la disgrâce, voire la souffrance, ne l'assaille ? Pour maître Lambert, aucun doute, l'homme, Jacques Médecin avait subi durant les derniers mois une transformation spirituelle saisissante.

« Il avait acquis une grande lucidité, surtout depuis qu'on l'avait accusé d'antisémitisme, que de soi-disant amis s'étaient détournés de lui. Il avait compris peut-être un peu tard que les sourires de façade n'étaient pas ceux du cœur. Il ne se faisait plus aucune illusion sur les êtres, que ce soit parmi ses proches ou ses relations politiques. Jacques Médecin était sensible aux liens affectifs, je dirais que c'était sa fragilité et sa force. En réalité, il assumait les qualités et les défauts de ses amis ; je ne l'ai jamais vu rejeter quelqu'un ; en colère oui, mais ça n'allait pas plus loin. Son souci d'être aimé explique qu'il se soit retrouvé dans la situation d'endosser lui-même leurs erreurs et leurs errements. Il a été amer d'être lâché, trahi, par ses amis ; pas politiquement, humainement ; politiquement, il s'en foutait. Lorsqu'au mois d'août, alors que du point de vue juridique on pouvait encore se battre, j'évoquais quelle serait sa solitude banni de France, loin de Nice, par courrier il me fit cette déclaration surprenante : " La providence y pourvoira. " »

UN jour de la fin du mois d'août 1989, Jacques Médecin arriva à notre rendez-vous déprimé, les traits tirés. Lui toujours tellement en forme ! Ou qui donnait si bien le change. Il répondit à mes questions avec lassitude. Une fois la partie enregistrée de notre entretien achevée, il se leva pour tirer les volets du bureau où se déroulaient nos rencontres. Un bureau anonyme au rez-de-chaussée des appartements privés de l'ex-préfecture, où depuis quelques années le maire en tant que président du conseil général s'était installé. Notre conversation se prolongea quelques minutes dans la pénombre. Jamais je n'avais vu Médecin si désabusé.

— Ils auront ma peau, me confia-t-il. Les impôts ne me lâchent pas, ils préparent des dossiers contre moi. Ce sera de plus en plus difficile.

— Mais vous gagnez toujours !

— Non, il arrive un moment où ce n'est plus possible, la pression est trop forte. Vous avez vu les dernières élections municipales ? J'ai perdu des voix, le Front national me grignote. Cela fait dix-sept ans que je me bats contre la calomnie. Vient un jour où... Tout cela est si médiocre. Moi, j'admire la bande à Bonnot. Ces gens-là, à l'époque on les appelait des apaches, risquaient gros, ils savaient qu'une fois pris, c'était la guillotine. Aujourd'hui, on peut faire et dire n'importe quoi. C'est la confusion des valeurs à tous les niveaux. Cette confusion, on la trouve dans les affaires judiciaires, au Parlement, dans les rapports entre Paris et la province. La France est un pays honteusement exploité par la capitale.

Soudainement la flamme se ranimait, le feu de la révolte chassait le spleen et, comme pour mieux terrasser définitivement les mauvais esprits, nous nous quittâmes par une envolée sur l'avenir.

— Pour moi, le fait que nous soyons en train de nous entretenir appartient déjà au passé. Pendant que je vous parle, je ne cesse de penser à l'avenir. Une tournure d'esprit qui m'appartient en propre. En permanence projeté dans l'avenir, je suis bien incapable de me complaire dans l'Histoire.

Un temps gris, ce temps sans couleur qui rend Nice si triste, surtout le dimanche, un temps de Toussaint avant la date. Un temps adéquat, pensèrent beaucoup de ceux qui, ce dimanche 16 septembre 1990, apprirent à la lecture de *Nice-Matin*, relayé bientôt par toutes les radios et les télévisions, que Jacques Médecin avait démissionné. La cité se figea, quelques personnes se rassemblèrent devant les grilles de la mairie, pour rien, pour voir... Comme s'il y avait quelque chose à voir, sinon la tristesse d'un bâtiment fermé. Les curieux aperçurent tout de même quelques-uns des membres du conseil municipal, visage en berne. Le père était parti à jamais, ne laissant derrière lui que des orphelins, même ceux qui, dans leur for intérieur, préparaient depuis des mois la succession éventuelle.

Mais, à quelques dizaines de mètres de là, dans la vieille ville, sur le cours Saleya, à des années-lumière de ces élus qui déjà se jetaient sur la dépouille encore chaude de celui à qui ils devaient tout, des hommes et des femmes pleuraient. Ils pleuraient en lisant la lettre que Jacques Médecin, en partant, leur adressait à eux, et à eux seuls : les Niçois.

« *L'endurance a ses limites et la mienne vient de les atteindre.*

Le pouvoir socialiste et ses représentants locaux préparent un nouveau sordide coup bas contre moi, après avoir échoué dans plusieurs de leurs funestes entreprises tendant à me déstabiliser.

L'heure est venue où, au-delà de ma personne, la ville de Nice et ses habitants commencent à souffrir dans leur réputation de la mauvaise image qu'avec l'aide d'une télévision sectaire mes adversaires, incapables de me battre dans un combat politique loyal, essaient d'imposer à l'opinion publique.

L'amour que je porte à notre ville et à notre département, aussi bien que l'attachement que j'ai pour vous, m'interdisent de vous faire subir cette épreuve.

A la suite de mon vénéré père, j'ai mis toute mon intelligence, toute mon énergie, tout mon savoir, toute ma passion, tout mon courage et surtout toute mon intégrité et toute mon honnêteté au service de Nice et de sa population. Je ne veux pas qu'à travers moi la haine partisane d'une gauche totalitaire parvienne à détruire ce que votre confiance m'a permis de réaliser, avec pour seule ambition de vous savoir heureux de vivre dans une cité dynamique en plein essor.

J'aurais voulu demander à Nice-Matin *de publier une très longue lettre circonstanciée pour vous expliquer par le détail comment d'hypocrites professeurs de vertu prompts à auto-amnistier leurs turpitudes parviennent à concentrer la ténacité de leur haine sur un seul.*

J'aurais voulu vous dire que j'ai gagné plus de quinze procès en diffamation contre certaines gazettes spécialisées dans la calomnie à mon encontre. Calomnie dont on connaît bien les ravages depuis que Beaumarchais a dit qu'il " en reste toujours quelque chose ".

[...]

Vient un jour où l'on se lasse de livrer l'inégal combat du pot de terre.

Ce jour pour moi est arrivé.

Je crois n'avoir plus rien à prouver et, faute de pouvoir compter au plan national sur l'appui d'une opposition où la lâcheté des individus le dispute à l'inconscience politique, j'ai décidé de me retirer de la vie publique.

En toute liberté je le fais avant que les agents d'exécution du pouvoir socialiste ne me démissionnent d'autorité, comme déjà ils l'annoncent dans leurs dîners en ville.

J'aurais choisi mon heure. Ils n'auront pas la satisfaction de le faire à ma place.

Il m'eût été agréable de fêter avec vous, dans cinq mois, mes vingt-cinq ans de mairie et mes trente ans au service du département. J'aurais aimé, au milieu du peuple niçois, célébrer, le 2 décembre, le centième anniversaire de la naissance de mon cher père Jean Médecin. J'aurais voulu me recueillir sur sa tombe, entouré de mes collègues, le 18 décembre, pour le vingt-cinquième anniversaire de sa mort.

Le sordide complot socialiste ne l'aura pas permis. Mais ne sont-ils pas au pouvoir grâce au soutien du dernier parti communiste stalinien au monde ? Les mêmes causes produisent toujours les mêmes procès.

Souvenez-vous-en.

[...]

Demain des élections peuvent avoir lieu. Souvenez-vous que Nice est devenue ce qu'elle est grâce aux enfants de son terroir de longue ou fraîche date mais qui savent ses problèmes spécifiques et connaissent nos particularités. [...] »

Une page d'histoire est tournée, laissant derrière elle des traces et des drames, des trahisons et des infamies, de sordides déballages, une ambiance de règlement de comptes. Mais pour ce peuple de Nice qu'évoquait Médecin dans sa lettre, Jacques sera toujours le maire. Depuis son départ, la ville est morne, livrée jour après jour en pâture aux révélations plus ou moins scandaleuses. Même les plus fanatiques finissent par s'en lasser.

Dans son restaurant, tabernacle nissart de la rue

Beaumont, Hélène Baral n'a pas retrouvé le goût de vivre. Pour elle, une seule certitude : le « pichoun » reviendra, et elle, Hélène, sera en tête du cortège pour l'accueillir à l'aéroport, avec inscrit en grosses lettres sur une banderole « *Viva Jacquou, lou mére* ».

En attendant, chaque nuit, dans ses rêves, elle discute avec lui : « Je lui dis... " Pourquoi, mais pourquoi tu es parti ? " »

RÉFÉRENCES BIBLIOGRAPHIQUES

QUOTIDIENS

L'Éclaireur
Le Petit Niçois
Nice-Matin
L'Espoir

REVUES

Nice Historique
Lou Sourgentin
Action Nice-Côte-d'Azur

DOCUMENTS

Jean Médecin, maire de Nice, Bernard DELIAS.
Les Niçois dans l'Histoire, sous la direction de Michel DERLANGE (Privat).
Les Alpes-Maritimes de 1939 à 1945, Jean-Louis PANICACCI (Serre).
Histoire des Niçois, Georges AYACHE (Fernand Nathan).
Histoire de Nice et de son comté, André COMPAN (Serre).
Signe particulier : réalisme politique, Jacques MÉDECIN (Alp Azur).
La France sans étoile, Philippe ERLANGER (Plon).
La Cagoule, Philippe BOURDREL (Albin Michel).
Pétain contre Hitler, Gabriel JEANTET (La Table Ronde).
La Grande Histoire des Français sous l'Occupation, Henri AMOUROUX (Robert Laffont).

Du même auteur
aux Éditions Albin Michel

La composition de ce livre
a été effectuée par Bussière à Saint-Amand,
l'impression et le brochage ont été effectués sur presse CAMERON
dans les ateliers de la S.E.P.C. à Saint-Amand-Montrond (Cher)
pour les Éditions Albin Michel

N° d'édition : 11734. N° d'impression : 1637-1287.
Dépôt légal : juin 1991.